Marché et profit au 3ème siècle hégirien

(816 – 912)

5-7, rue de l'École-Polytechnique, 75005 Paris

http://www.editions-harmattan.fr

ISBN : 978-2-343-12528-2
EAN : 9782343125282

Omar Akalay

Marché et profit au 3ème siècle hégirien

(816 – 912)

L'économie, une science sans pitié

L'Harmattan

Il est indispensable que tout homme trouve au moins quelque part un asile de pitié.

Dostoïevski, Crime et Châtiment.

SOMMAIRE

Les hommes, par le passé, ont mis la protection de leurs biens sous le haut patronage des religions. L'Islam n'a pas échappé à cette règle. Muhammad, le Prophète de l'Islam, est crédité d'un ensemble de propos, appelés hadiths, tendant à établir les règles du jeu juridique dans une société et, notamment, ce qui nous importe ici, en matière économique. Il est important de les connaître, me semble-t-il, parce que l'histoire économique et sociale du passé éclaire le devenir des peuples.

Ces hadiths s'inscrivent dans une société nouvelle ; elle a ses forces et ses faiblesses. Ils proposent des solutions pour une vie bonne. Elles donnent lieu à débat parce qu'elles ne plaisent pas à tout le monde. Elles reposent sur deux postulats. Le premier est qu'elles veulent changer la société sans prendre le pouvoir. Le second postulat réside dans la crainte de voir le pouvoir politique devenir puissance économique. Ces hadiths apportent des solutions profanes à des directives théologiques. L'ensemble des hadiths étudiés ici reposent sur ces deux postulats : organiser la société sans prendre le pouvoir ; empêcher l'intervention du pouvoir politique dans le domaine économique. Ce sont des solutions concrètes pour une société qui se cherche.

Avant d'aborder ces solutions, il convient de brosser à grands traits, le contexte religieux, politique et intellectuel de cette société.

I – Le contexte religieux.

Nous allons, très rapidement, décrire le contexte religieux dans lequel s'inscrit le sujet de cet exposé.

Muhammad, de son vivant, a veillé personnellement à ce que ses compagnons apprennent les versets du Coran et les consignent par écrit, si bien que, dix ans après sa mort, le troisième et avant dernier calife, Othman, a pu réunir une commission formée par les compagnons encore en vie du Prophète. Il en est sorti le Coran tel qu'on le connaît aujourd'hui.

Le Prophète, qui a veillé avec soin à la conservation des versets révélés, ne s'est pas intéressé au recueil de ses propos autres que révélés. Ses compagnons n'ont pas jugé utile de les consigner par écrit, comme ils l'ont fait pour le Coran.

L'intellectuel algérien Malek Bennabi distingue nettement la parole de Dieu de celle du Prophète. Il écrit :

« Passant un jour devant un maraîcher des environs de Médine, Muhammad lui conseilla de traiter ses palmiers d'une certaine manière. Mais il revit plus tard le même maraîcher, alors que celui-ci avait abandonné la méthode conseillée parce qu'elle ne donnait pas le meilleur résultat.

Muhammad l'admit parfaitement et conseilla même, sur le champ, que l'expérience individuelle devait primer le conseil d'un homme fut-il prophète. »

Cette anecdote, nous dit l'auteur, a été rapportée par l'imam Muslim qui l'a recueillie de deux sources distinctes.

« Or juridiquement, poursuit Malek Bennabi, le conseil que Muhammad avait donné au maraîcher est un hadith et, comme tel, il représente une valeur presque absolue aux yeux des exégètes et des docteurs du droit. Nous voyons cependant le Prophète annuler lui-même ce hadith devant l'expérience du maraîcher : posant ainsi la primauté de la raison et de l'expérience dans la conduite de l'activité terrestre. »[1]

L'auteur ne poursuit pas plus loin son analyse des hadiths ; il se consacre à la Révélation qui, elle, ne connaît pas d'abrogations. Le Prophète ne saurait annuler une parole révélée.

---

[1] Malek Bennabi, Le phénomène coranique, 1949, p 85

Au 3ème siècle hégirien cependant, les hadiths prennent une importance considérable.
Ali Merad relève que les hadiths sont, pour chaque génération, la référence majeure conjointement avec le Coran. Il en est toujours ainsi.[2]
Le hadith se compose de deux parties : d'abord, la chaîne des garants qui transmettent l'information depuis l'auteur initial jusqu'au dernier rapporteur de celle-ci. L'autorité de ces garants certifie en quelque sorte, la véracité du propos. Vient ensuite, la teneur du propos. Le hadith est une communication orale que l'on fait remonter au Prophète ou à ses compagnons.
Pour être autorisé à répandre un hadith, il fallait le tenir personnellement de la bouche de l'un des porteurs figurant dans la chaîne des garants. Ajoutons que, pour être valide, un hadith devait être recueilli de deux sources indépendantes.
Le texte du hadith peut tenir aussi bien en une ligne que dans deux pages. Il fait parler le Prophète dans les circonstances les plus prosaïques de la vie quotidienne. Le Prophète a parlé au cours d'un repas, au cours d'une marche, d'un voyage ou tout simplement au marché.
Les pieux transmetteurs, fait remarquable, ont rapporté les mêmes paroles mis dans la bouche du Prophète.

II – Le contexte politique.

Le Prophète décède en 632. Ses compagnons, peu nombreux et mal armés, se lancent à la conquête du monde ; de la sorte, au bout d'un siècle, le monde de l'islam va de l'Indonésie au Maroc et des frontières de la Chine à celles de la Russie.
Un général putschiste, Mu'awiya, élimine par la force, en 41h, (661, JC), le quatrième calife, Ali et prend sa place. La communauté musulmane est scandalisée. Dès lors s'installe un débat entre ceux qui préconisent la lutte armée pour se débarrasser du général félon et ceux qui, sous certaines conditions, veulent bien se soumettre à un pouvoir illégitime par peur du désordre.

---

[2] Ali Merad, La tradition musulmane, PUF, Paris 2001, p 3-4

Se soumettre au chef de l'Etat, mais sous certaines conditions. La première est de l'empêcher de légiférer. Ainsi va commencer le débat du Coran créé ou incréé. On comprend l'enjeu : si le Coran est créé, il est réformable. Le droit de réforme appartient au plus fort, c'est-à-dire à celui qui détient le pouvoir politique. Si, au contraire, le Coran est incréé, aucun moyen légitime n'existe pour promulguer des lois contraignantes pour la communauté musulmane. Le Chef de l'Etat ne peut pas changer les versets du Coran et la seule voie permise pour les réformes est l'ijma' ou le consensus de la communauté. De la sorte, une séparation des pouvoirs est instituée entre l'exécutif et le législatif. Et celui-ci contrôle celui-là. Le Coran est le rempart derrière lequel s'abritent les Musulmans.
La collecte des hadiths n'a pas été facilitée par le contexte politique. Le calife y voyait une atteinte à son autorité, ce en quoi il n'avait pas tort. Il a tenté, lui et ses agents, de modifier les textes à son profit. Il n'était pas le seul. D'autres forces religieuses tentaient d'imposer leurs vues. Tout ceci a joué. Mais la collecte a duré plus d'un siècle, ce qui a permis d'éliminer les abus les plus manifestes quand disparaissait la force qui les imposait. Le travail final, tel que publié, a été jugé bon par la communauté musulmane, seule juge en la matière.

III – Le contexte intellectuel.

a) les collecteurs des hadiths.

Le pouvoir politique veille. La plupart des transmetteurs sont tenus en suspicion. Certains sont massacrés, tels les descendants du Prophète, ou de ses proches compagnons. Un exemple, à titre d'illustration : Abdallah Ibn Zoubeir ; son père était un des généraux du Prophète ; sa mère était la fille d'Abou Bakr, le premier calife de l'Islam ; on ne pouvait rêver meilleur transmetteur. Il a été tué à La Mecque par le pouvoir de Damas qui avait peur de lui.
Cependant, la première impulsion vient du pouvoir politique. A la fin du premier siècle hégirien commence à Damas le règne de Omar Ibn Abdelaziz, dit Omar le Pieux ou encore Omar II, par

référence à son arrière-grand-père maternel, Omar Ibn Khattab, le second calife de l'Islam. Il ordonne la collecte des hadiths. Mais le règne d'Omar II ne dure que deux ans. L'hostilité renaît après sa mort.
Nous suivons l'excellent ouvrage d'Ali Merad, dans l'exposé qui suit.

L'imam Malik. (m. 179 h/ 795)
Le premier siècle de l'Islam est passé. Les compagnons du Prophète ont disparu, leurs enfants aussi. C'est alors qu'un imam de Médine, l'iman Malik a l'idée de recueillir les souvenirs des petits-enfants. Il s'intéresse aux propos du Prophète, tenus en dehors de la révélation, à ses gestes, à ses comportements et à ses silences. Il s'intéresse aussi aux propos des proches compagnons quand ceux-ci ont trait au Prophète. Il recueille de la sorte 1900 propos. Il les classe en différentes rubriques. Elles concernent le culte, le statut personnel, les transactions et les peines légales.
L'imam Malik s'est intéressé à la filiation des personnes qu'il interrogeait. Il s'assurait que le lien avec le Prophète était réel.
L'entreprise de l'Imam Malik est novatrice. Le recueil des propos est accompagné d'un exposé de la pratique religieuse à Médine. L'Imam a toujours vécu à Médine. Il met en évidence dans son ouvrage, al-Muwatta'[3] (lecture aisée) la loi et le droit, le rite et la pratique religieuse qui font consensus à Médine. Il donne parfois son opinion propre. Il fixe certaines traditions religieuses qui ont cours, de son temps, à Médine.
Cette entreprise demeure encore solitaire pendant un siècle. A la fin du 2ème siècle, le mouvement de collecte est lancé de façon irréversible. Un ouvrage arrive à point : il s'agit de Ma'rifat al-rijal (identification des transmetteurs des hadiths) de Al-Mûrri (m 233h). Son contemporain, Ibn Saad (m. 230) publie le Kitab Tabakat al-Kabir, Le grand livre des générations, qui identifie 4250 personnes, hommes et femmes

[3] Imam Malik, Al-Muwatta' (lecture aisée), Dar al-kotob al-'ilmiyah, Beyrouth, 1427 h - 2006

pour leur rôle de transmetteurs, De la sorte, la recherche des pieux transmetteurs est circonscrite à ce chiffre.[4]
Les pieux transmetteurs s'étaient disséminés à travers l'empire. Les collecteurs devaient se déplacer, de Samarkand au Caire et à Médine à la recherche des descendants des compagnons.

L'imam Bukhâri (m. 256h/870)
Mohammed Bûkhari est né à Bûkhara, dans l'actuel Turkménistan, le 13 shawwal 194H. Son père était un commerçant aisé et un intellectuel ; il avait écrit sur les hadiths, ouvrant la voie à son fils. Il mourut, laissant son fils en bas âge. Celui-ci fut élevé par sa mère. Il avait 16 ans quand il accompagna sa mère et son frère à La Mecque et à Médine. Il demeura six ans dans ces deux villes. Il parcourut ensuite le monde musulman. Il séjourna plusieurs fois à Basra, à Kûfa, à Bagdad, en Syrie, puis en Egypte. Il aurait recueilli quelques 200 000 hadiths.
De retour chez lui, il retint 2 230 hadiths. Il est mort dans un village près de Bûkhara.[5]

b) Les conditions des transmissions.

Nous allons nous consacrer exclusivement à ce qu'on appelle Le livre du Commerce ou encore Le livre des ventes. Nous préférons l'appeler Livre des transactions ; en arabe, ventes, au pluriel, veut aussi dire achat et vente.
Le Prophète s'est exprimé sur les transactions commerciales et les transactions financières. L'objet de cet essai est d'interroger ses propos sur ce sujet. Il s'agit d'économie, mais le mot n'est jamais prononcé. Il était pourtant connu grâce aux traductions faites des ouvrages grecs. Grâce aussi à la théologie chrétienne, qui emploie le mot économie pour désigner l'administration du culte divin. C'est que l'empire byzantin sert de repoussoir aux pieux transmetteurs. Cet empire est chrétien et l'empereur est le représentant de Dieu sur la terre. Tout autre culte y est interdit.

---

[4] La tradition musulmane, Presses Universitaires de France, Que sais-je ? Paris, 2001
[5] Abrégé du Sahih Al-Boukhari, Daroussalam, Ryadh, 1420 h - 1999

Ceux qui ne sont pas chrétiens sont persécutés. Ils n'existent pas juridiquement. Les tenants du paganisme, les Juifs et ceux que le pouvoir central byzantin tenait pour hérétiques trouvent refuge en terre d'Islam.
L'économie est le mode de gouvernement théologique à Byzance ; c'est pourquoi le mot n'est pas utilisé dans les hadiths.
Notons que le mot grec, oikonomia, a pris un sens inconnu d'Aristote : L'économie est l'art de Dieu pour convaincre et sauver les hommes.
Grâce à l'économie, l'Eglise est identifiée au corps du Christ. Sa visibilité doit être produite pour que le royaume terrestre puisse se constituer à l'image du royaume céleste.
Ainsi Dieu a eu historiquement besoin du Fils, le Fils de l'Eglise, et l'Eglise du pouvoir temporel, la cohérence de l'ensemble, prend le nom de l'oikonomia. [6]
Tout ceci est fondamentalement étranger aux pieux musulmans qui ne veulent pas de la mainmise des hommes sur la religion. Aussi, le mot économie est-il ignoré.
Cependant, les pieux transmetteurs sentent bien que l'empire musulman évolue vers la forme byzantine. Ils n'ont aucun moyen d'arrêter ce mouvement ; ils sont marginalisés, tenus en suspicion sous la dynastie omeyyade. Ils essaient néanmoins de freiner cette évolution en élaborant un corps de doctrines en harmonie avec le Coran. Les hadiths regroupés dans le livre des transactions tentent de contenir l'appétit du pouvoir politique hors de la sphère des transactions commerciales et financières.
L'ensemble des propos contenus dans le livre des transactions légitime le marché. Celui-ci végétait, marginal, dans les sociétés de ce temps. La nouvelle doctrine lui attribue un rôle nouveau en le plaçant au cœur de la cité et des échanges marchands.
Nous avons estimé qu'il ne fallait pas se confiner dans des considérations générales, mais qu'au contraire, il fallait citer chacun des hadiths concernés pour le faire suivre de l'analyse qui est la nôtre ; de la sorte, le lecteur pourra juger sur pièces.
Nous avons consulté les ouvrages suivants :

---

[6] Marie-José Mondzain Image, icône, économie, Seuil, Paris, 1996

1 – Imam Malik : Al-Muwatta' (Lecture aisée). Dar al-kotob al-'ilmiyah, Beyrouth, 1427 h – 2006.
2 – Le Sahih d'al-Bukhâri, huit volumes, Al-Maktaba Al-Asrya, Beyrouth, 1430/2009.
3 – Abrégé du Sahih Al-Boukhari, Daroussalam, Riyadh, 1420 h - 1999.
4 – Al-Hafidh ibn Al-Hajar Al-Asqualani (m 852 h) : Boulough Al-Marâm (La réalisation du but), Daroussalam, Ryadh, 1420 h – 1999.
5 – Sahih Muslim, deux volumes, Al Kotob Al – ilmiyah, Beyrouth, 1428/2007.
6 – Imam Al-Nawawi: Ryadh as-Salihin, Le jardin des gens vertueux, Al Kotob Al – ilmiyah, Beyrouth, 1420/1999.

Ces ouvrages ont ceci en commun : ils sont bilingues. La traduction en français figure en face du texte arabe. La traduction est scrupuleusement littérale, ce qui, parfois, conduit au contre sens. Nous connaissons la provenance du texte arabe ; les éditeurs l'ont mentionné.

On assiste à un bouillonnement du paysage culturel au cours de ce IIIème siècle, on l'a parfois appelé le siècle de Jahiz, immense écrivain dont les écrits portent loin. Les travaux de Bûkhari, par exemple, s'inscrivent dans la perspective tracée par Jahiz.

c) Le siècle d'al Jahiz.

Jahiz est né à Basra aux environs de l'année 160 h/776-777. Il a vécu à Basra et y est décédé en 255 h/868-869. Ses contemporains l'ont pris comme modèle de l'intellectuel musulman tel qu'il se dessine en ce 3ème siècle hégirien. Il est originaire de l'Afrique de l'Est.

Il a beaucoup écrit. Nous avons analysé son « Livre des avares » dans un précédent ouvrage.[7]

Nous allons, ici, jeter un regard sur son « Livre des animaux », titre emprunté à Aristote.[8]

---

[7] Omar Akalay, Histoire de la pensée économique du 8ème au 12ème siècles, Editions de l'Harmattan, Paris, 1998

[8] Jahiz, Le cadi et la mouche, Anthologie du Livre des Animaux, Extraits choisis, traduits de l'arabe par Lakhdar Souami, Editions Sindbad, Paris, 1988

Très schématiquement, Jahiz délivre un message sur l'égalité entre les hommes. Il conçoit l'introduction de son livre comme un manifeste, en expliquant le plan qu'il compte suivre.
Il écrit :
« De chaque domaine du savoir, je ne traiterai que par fragments, par morceaux détachés...Si j'écrivais les chapitres de mon livre de manière continue, en épuisant chaque fois le sujet, ils seraient certainement plus complets, plus exhaustifs, plus nobles. Mais j'ai peur des longueurs... » [9]
Et, ajoute-t-il, le lecteur est capable de parvenir à la connaissance de l'ensemble. Il fait un pied de nez au dogme du plan universitaire. Il imite en cela le Coran qui mélange et éparpille les thèmes religieux à travers six mille versets.
Sa méthode mise à part, le propos de Jahiz va loin. Il met sur un même pied d'égalité toutes les sortes de savoirs. Il traite des animaux comme l'indique le titre de son livre et, dans le même souffle, il se montre précurseur en matière religieuse ; il est chaud partisan des dits du Prophète en complément du Coran ; il encourage leur recension qui n'est pas encore établie ; son cadet, Bûkhari, est attelé à ce travail. Jahiz traite, dans ce livre sur les animaux, des autres savoirs profanes qui concernent la nature, la physique, la géographie. Il traite de tous les savoirs connus au 3ème siècle hégirien. Donc, égalité de tous les savoirs ; pas de hiérarchie : un paragraphe sur un animal suit un paragraphe sur la Chine, un troisième sur la religion, un autre sur la musique. Au passage, il lui arrive de corriger Aristote sur un animal. Egalité de tous les savoirs, donc. Belle prouesse dans un siècle en principe théologique mâtiné de philosophie grecque. Pour l'intellectuel musulman, tous les savoirs sont d'égale importance. Jahiz fait, par avance un pied de nez à tous ceux qui au XXème siècle, gloseront sur une économie « islamique » introuvable ; les transactions commerciales ont une portée mondiale ; elles débordent largement les frontières musulmanes.
Jahiz étend l'égalité entre les hommes à l'ensemble de l'humanité. Il écrit :

---

[9] Jahiz, op cit p 46

« L'homme quant à lui est cet être au langage articulé, clair intelligible, qu'il s'exprime en persan, en hindou ou en grec. Un Arabe ne comprend pas plus mal le jargon du byzantin que ce dernier la transparence de la langue arabe. On peut donc dire, de ce point de vue, que tous les hommes ont un langage clair et intelligible.[10] »
Jahiz répudie la notion grecque du barbare, celui dont le langage est incompréhensible et la pensée incohérente.[11] Il sépare radicalement le racisme grec de la pensée musulmane. Il fait défense aux Arabes de se croire supérieurs aux peuples dont ils ne comprennent pas la langue. Cette rupture avec le comportement grec se révèle d'une grande fécondité. Il écrit :
« Les ouvrages des non Arabes rendent compte du savoir transmis par ces peuples depuis des générations, d'une langue à une autre jusqu'aux Arabes qui en sont les héritiers. Cette transmission est mieux assurée par les livres que par les édifices ou la poésie. » [12]
Jahiz invite les Arabes à l'humilité. Ils sont redevables aux savoirs légués par les Anciens. Il suffit de traduire. Il évoque longuement l'art de traduire qui n'est pas simple. Le savoir est à livre ouvert. Et pour enfoncer le clou, il ajoute :
« Il n'y eut jamais de certitude qui ne fut précédée de doute. Personne n'est jamais passé d'une conviction à une autre sans avoir traversé un état intermédiaire de doute. » [13] Il conclut :
« Cinquante doutes valent lieux qu'une certitude. » [14]
Bûkhari connaît la valeur de cet enseignement. Il en fait usage dans son étude des hadiths. Les deux auteurs divergent dans leur conduite politique. Jahiz collabore avec le pouvoir établi et l'explique : il n'est pas rémunéré par son enseignement ; le pouvoir lui donne de quoi vivre. Bûkhari, au contraire est professeur ; il rejette toute rémunération du pouvoir. Il vit éloigné du prince.

---

[10] Jahiz, op cit p 80
[11] Saber Mansouri, La Démocratie Athénienne, une affaire d'oisifs ? André Versaille éditeur, 2010, p222
[12] Jahiz, op cit p 116
[13] Jahiz, op cit p 74
[14] Jahiz, op cit p 76

Le moment est venu de présenter le plan de notre étude. Toute religion relève du mystère et l'économie participe de ce mystère. Nous allons expliquer ce mystère et le dévoiler au fil des chapitres. Le lecteur pressé peut se reporter à la table des matières. Elle fait office de plan.

Chapitre 1

Le marché et son histoire.

Nous allons décrire à grands traits les marchés tels que les observait ou les concevait Aristote ; nous allons évoquer les réserves qu'il formulait à leur égard. Nous passerons rapidement à Byzance, à ses marchés administrés et marginalisés. Pour, enfin, citer deux hadiths du 3ème siècle hégirien ; ils font du marché le moteur de la prospérité individuelle.
La philosophie n'est pas morte en 529, avec la fermeture de la dernière école philosophique par l'empereur romain d'orient Justinien ; elle a entamé un long transfert, une longue migration vers l'Orient musulman. Ses disciples sont nombreux chez les intellectuels arabes. L'un d'entre eux, Al Fârâbî, (258-338h/872-950) était appelé « Le premier Maître après Aristote. » Nous nous intéresserons à lui au cours de cet essai. Il s'est emparé de « La République » de Platon et a conçu le traité de la cité idéale sous le titre de Al Madina al Fadila.
Aristote est le grand maître à penser des générations du 3ème siècle hégirien. Il a été traduit, publié, commenté, critiqué. Il influence de façon durable les conceptions philosophiques des nouveaux intellectuels. Elles sont adoptées avec enthousiasme par les uns et rejetées par les milieux religieux. Qu'on les critique ou les rejette, on se situe par rapport à la pensée aristotélicienne.
C'est pourquoi, il faut prendre connaissance de la conception qu'avait Aristote du marché pour comprendre les apports nouveaux des hadiths.

I – Le marché selon Aristote.

Aristote est l'héritier d'un long cheminement de la pensée du commerce chez les Grecs. On en trouve des traces dans les écrits d'Homère, trois siècles avant les analyses d'Aristote.

Dans « Le monde d'Ulysse[15] » l'historien Moses Finley décortique le poème d'Homère pour en extraire quelques enseignements sur l'économie. Quand il chante l'Odyssée, Homère parle d'un monde révolu qu'il n'a pas connu. L'Odyssée embrasse un vaste champ d'activités et de relations humaines : structure sociale et vie familiale, royauté, aristocratie, gens du peuple, festins, labours et élevages de porcs. Ce sont des réalités que nous connaissons mal.
Ainsi, après sept ans d'errance, Ulysse arrive dans sa patrie, Ithaque. Sa maison est occupée par des prétendants à sa succession. Ils ne le reconnaissent pas : « Notre hôte, dit le chef des prétendants Eurymaque au mendiant (Ulysse déguisé), ne voudrais-tu pas entrer à mon service comme thète ? (Travailleur indépendant). Je t'enverrai aux champs, à l'autre bout de l'île ; (Ithaque) tu serais bien payé pour ramasser la pierre et planter de grands arbres ; je te fournirais une ration abondante de pain, le vêtement pour ton dos, et la chaussure aux pieds. » (Odyssée, XVIII, 346 – 361) [16]
Nous savons par-là que le travailleur indépendant a droit au gîte et au couvert, mais ne touche pas de salaire.
Ce que décrit Homère est une réalité qui existait du temps du Prophète.
Dans un autre ouvrage, « L'économie antique[17] », M. I. Finley nous décrit ce qu'était l'économie domestique :
« La maison patriarcale, l'oikos, était le centre autour duquel la vie s'organisait, d'où dépendaient non seulement la satisfaction des besoins matériels, y compris la sécurité, mais aussi les normes et les valeurs éthiques, les occupations, les obligations et les responsabilités, les liens sociaux et les rapports avec les dieux. L'oikos, n'était pas simplement la famille ; elle comprenait tous les gens de la maison avec leurs biens ; de là vient que l'économie (de la forme latinisée oecus), l'art d'administrer un oikos, signifiait exploiter un domaine. »
« Avec leurs troupeaux et leur force de travail, avec, en abondance, la pierre à bâtir et l'argile pour la poterie, les grands

[15] Moses Finley, Le monde d'Ulysse, Editions La découverte, Paris, 1983
[16] Moses Finley op cit p 67-68
[17] Moses Finley, L'économie antique, Les Editions de Minuit, Paris, 1975

domaines pouvaient presque réaliser leur idéal de complète autarcie. L'oikos était avant tout une unité de consommation. Ses activités étaient guidées par un principe, celui de répondre aux besoins de consommation du maître et de ses gens, si possible grâce aux produits du domaine, complétés par le butin. Mais il y avait une chose qui faisait obstacle à l'autarcie, c'était le besoin de métal. Les sources d'approvisionnement se trouvaient en Asie occidentale et en Europe centrale.
Le métal, cela signifiait des outils et des armes. » [18]
Homère est contemporain d'Hésiode et, dit-on, son cousin. Ils ont vécu entre 750 et 700 avant JC. Ils font partie de l'âge de fer, qui forme leur présent.
Hésiode a écrit le poème « Travaux et jours. »
Il entreprend d'enseigner la bonne tenue d'une ferme. Il décrit en détail la fabrication de la charrue et des autres instruments agricoles, car le paysan de cette époque ne peut compter que sur lui-même et sur son industrie propre. » [19]
Le paysan est son propre menuisier et forgeron ; la spécialisation du travail en métiers n'a pas encore paru. Cependant, à cette époque, on savait déjà spéculer :
« Thalès de Milet, l'un des sept sages de la Grèce, contemporain de Solon, fut à la fois un savant et un philosophe. Homme d'affaires aussi : prévoyant dès l'hiver une abondante récolte d'huile d'olive, il loua à bas prix tous les pressoirs de la région et les sous-loua ensuite, avec de gros bénéfices, aux paysans embarrassés de leur récolte. » [20] La spéculation est aussi vieille que le monde.

Trois siècles plus tard, Aristote reprendra le thème en l'actualisant. (Aristote est né en 385 avant J C à Stagire.) Nous nous référons à son ouvrage, « Les politiques[21] ».
Cet ouvrage est important dans la mesure où il nous permet d'assister à la naissance du marché telle qu'elle a été observée par Aristote.

---

[18] Moses Finley op cit, p 69 et suivantes
[19] René Flachère, Histoire littéraire de la Grèce, Fayard, Paris, 1962, op cit. p 99
[20] René Flachère, Histoire littéraire de la Grèce, Fayard, Paris, 1962, p 142
[21] Aristote, Les politiques, Flammarion, Paris, 2008

Aristote distingue le bon commerce du mauvais. Il part d'une constatation :
« Il y a échange de tout et le premier commerce trouve son origine dans ce fait conforme à la nature que les hommes ont parfois plus, parfois moins de choses qu'il faut. »
Aristote rappelle que, dans la première communauté, c'est-à-dire la famille, il est manifeste que le commerce n'a aucune fonction. Nous restons dans le droit fil des explications d'Hésiode.
Mais le commerce acquiert une utilité quand la communauté s'agrandit. Car alors on échange des choses utiles les unes contre les autres et rien de plus ; par exemple, on donne et on reçoit du vin contre du blé, et ainsi pour chaque chose de cette sorte. Et cet échange là n'est pas contraire à la nature. Il existe pour compléter l'autarcie naturelle. Il la conforte et assure sa pérennité. Ce commerce est, en fait, du troc.
Aristote magnifie le troc, « conforme à la nature ». Le troc permet de s'approvisionner en procédant à des échanges de produits contre de produits. Le troc est la conséquence de la spécialisation dans le travail et la production, quand la communauté s'agrandit ; ce qui veut dire que la structure de la famille éclate.
Pour Aristote, est « conforme à la nature » une construction humaine, ici, le troc, qui, un beau jour, ne correspond plus aux besoins de l'homme.
C'est pourtant de ce commerce naturel qu'est logiquement venu l'autre commerce. Cet autre commerce est le fruit de la cupidité humaine, de la soif de richesse qui saisit certains individus.
Auparavant, explique Aristote, il faut considérer que les biens sont essentiellement fournis par la nature : car c'est la fonction de la nature de fournir de la nourriture à l'être une fois qu'il est né. C'est pourquoi est conforme à la nature pour tous les hommes l'art d'acquérir aux dépens des fruits de la terre et des animaux. Cet art d'acquérir a deux formes : une forme commerciale et une forme familiale : celle-ci est indispensable et louable ; celle qui concerne l'échange, par contre, est blâmée à juste titre car elle n'est pas naturelle mais se fait aux dépens des autres. Elle est le résultat de la cupidité humaine. Elle transforme un produit naturel en marchandise. Aristote

n'emploie pas le mot marchandise. C'est pour satisfaire la cupidité humaine que la monnaie fut inventée ; nous traiterons de ce sujet quand nous aborderons plus loin le chapitre de la monnaie. Ainsi, le commerce qui implique profit est blâmable. Le bon commerce est celui qui se fait sans monnaie et sans profit. Le commerce qui s'échappe du troc et rapporte de l'argent conduit à l'usure : les produits ne s'échangent plus contre les produits. C'est alors l'argent qui s'échange contre de l'argent. L'intérêt est de l'argent né de l'argent. Si bien que cette façon d'acquérir est la plus contraire à la nature.

Aristote condamne le profit. Le temps du marché n'est pas encore venu.

Ce temps n'est toujours pas venu lorsque Caton (234 – 149 avant J C.) officiait à Rome. Il terminait son exhortation par une maxime (*De agricultura*) : « *Un pater familias* devrait être un vendeur, non un acheteur ». [22]

La prédominance très répandue de l'autarcie familiale pour ce qui est des denrées de première nécessité suffisait à freiner l'extension de la production pour l'exportation. [23]

Caton et son traité De agricultura, rempli de conseils qu'on peut regrouper sous deux rubriques :

« D'abord, ne gaspille pas la force de travail ni les outils ; de l'une et des autres, acquiers ce qui t'est nécessaire, ni plus, ni moins, et réfléchis au moyen de les tenir occupés sans arrêt.

Ensuite, vends, n'achète pas ; produis et fabrique tout ce que tu peux sur la propriété pour répondre à tes besoins de consommation. » [24]

L'autosuffisance est le maître mot de toute activité productive. Il faut se loger, s'habiller, se nourrir, dans le cadre d'une famille. On travaille en circuit fermé. La sécurité alimentaire est l'objectif principal, ceci dans un monde nécessairement instable et donc peu sûr.

L'autoconsommation et le troc sont des tendances lourdes de l'activité humaine qui ont traversé les siècles. On en perçoit des

---

[22] Moses Finley, L'économie antique, op cit p 145

[23] Moses Finley op cit p 186

[24] Moses Finley, Economie et société en Grèce antique, Editions La Découverte, Paris, 1984, p 251

traces au 20ème siècle. Mais déjà, du temps d'Aristote, on assiste à l'éclatement du cadre familial dans la quête des subsistances. Sans doute, la pression démographique est-elle trop forte et les bouches à nourrir deviennent-elle trop nombreuses. L'expulsion du trop-plein devient une affaire de survie. Le marché est vraisemblablement né de ces expulsions.

II – Du côté de Byzance.

Le marché était une affaire marginale. Il l'est resté de longs siècles durant. Il l'était encore en 610 JC, à la veille de la prédication de Mahomet.

Nous allons suivre l'historien anglais A. H. M. Jones

Le commerce de l'empire byzantin n'était pas très important. Les eunuques, esclaves très prisés, provenaient de l'Arménie, de la Perse et du Caucase. Les autres importations consistaient surtout en produits de luxe de grande valeur qui arrivaient d'Orient soit par mer, soit par caravanes, lesquelles traversaient l'Asie centrale : de l'encens du Yémen, du poivre de Malabar, différents autres épices et parfums, et surtout de la soie de Chine. Des affréteurs arabes et d'Alexandrie se partageaient le commerce maritime. Les marchandises qui voyageaient par terre étaient soumises à de nombreux droits qui en majoraient le prix. Le commerce était cependant limité. L'Etat byzantin exerçait un monopole d'achat sur les importations de produits de luxe, notamment la soie. Par ailleurs, l'Etat ne se fournissait pas sur les marchés. Il subvenait à ses propres besoins par des impôts en nature ou par les produits de ses propres établissements ; il pratiquait l'autosuffisances en vivres et vêtements pour l'armée, les fonctionnaires et autres employés, en armes et en chevaux pour l'armée, en animaux de traits pour la poste, en bois de construction et en pierres pour les travaux publics ; l'Etat transportait les produits sur ses bateaux et fourgons et les distribuaient par l'intermédiaire de son administration.

Le personnel des fabriques de l'Etat était composé d'ouvriers héréditaires payés avec des rations alimentaires et l'Etat se passait des commerçants privés. Les propriétaires fonciers fortunés (évêques compris), faisaient à peu près de même.

Par ailleurs, les paysans mangeaient ce qu'ils produisaient et se procuraient, à bas prix, des articles chez les artisans locaux. Forgerons, potiers et tisserands, transporteurs et charretiers suffisaient pour les besoins locaux. Les artisans étaient beaucoup plus nombreux dans les grandes cités ; on y trouvait des charpentiers, des boulangers, des orfèvres, des tailleurs, des cordonniers, des meuniers, des épiciers ; mais ils étaient étroitement contrôlés : ils avaient l'obligation de faire partie d'organisations chargées de faire respecter les prix maxima quand ils étaient fixés ; elles étaient également chargées de fournir des veilleurs de nuit, de l'organisation de corvées pour les travaux publics, de la voierie, du bon fonctionnement du relais de poste local et de son auberge. L'économie était ainsi administrée. Il n'y avait pour ainsi dire pas de marchés.
Le statut des paysans était fixé par le code Justinien. Il est stipulé que les paysans, « bien que nés libres, ils seront néanmoins considérés comme esclaves des terres mêmes sur lesquelles ils sont nés, et n'auront pas le droit de partir où ils veulent, ni de changer d'endroit ; le propriétaire jouira du droit qu'il a sur eux avec les attentions d'un patron et le pouvoir d'un maître. » Ce statut est également étendu à la Palestine :
« Nous ordonnons qu'en Palestine également aucun tenancier ne soit libre d'aller où bon lui semble, mais qu'il soit, comme dans les autres provinces, lié au possesseur de la ferme. » [25]

Cet asservissement était censé favoriser la production agricole. Sur le long terme, c'est le contraire qui se produisit. Les désertions étaient nombreuses, des fermes étaient abandonnées faute de travailleurs et la production agricole déclina.
L'Etat byzantin emprisonne le commerce dans un réseau d'interdictions et de contrôles qui vont jusqu'à la privation de la liberté. Les marchés continuent à jouer un rôle marginal. Cette économie ainsi bridée explique la foudroyante expansion de l'Islam. La nouvelle religion, nous le verrons, libérera les hommes et les énergies.

---

[25] A. H. M. Jones, Le déclin du monde antique 284 – 610, Editions Sirey, Paris, 1970

III – Les marchés d'Arabie.

La nouvelle religion est née en Arabie. Comment les marchés se tenaient-ils dans cette partie du monde ? Nous allons suivre Maxime Rodinson dans ses développements.[26]
L'Arabie est un territoire désertique. L'économie première est le nomadisme pastoral. Le chameau est le compagnon nécessaire du nomade. Quelques oasis émaillent ce désert. Une petite population sédentaire y cultive le palmier dattier. Pour survivre, les uns et les autres ont besoin de nourriture solide – les dattes – et de lait de chamelle. Cette interdépendance de survie conduit à des relations pacifiques et celles-ci débouchent sur le commerce. Le chameau peut porter jusqu'à 200 kilos et couvrir 300 kilomètres en un jour ; il est capable de marcher jusqu'à dix-sept jours sans eau par une chaleur de 57°c. Le commerce apporte un complément de revenus à une population qui en manque cruellement.
Le chameau, vaisseau du désert, monture des caravanes, opère le transit entre l'Arabie du sud, dite l'Arabie heureuse et les pays du Croissant Fertile. Il permet les échanges entre ces deux contrées, d'une part et, d'autre part, assure le transit des marchandises venues de l'Inde, de l'Afrique Orientale et de l'Extrême-Orient ainsi que de tout le monde méditerranéen.
Cette vocation marchande permet la constitution d'une série de marchés permanents autour d'une source ou d'un sanctuaire. Ces marchés dépassaient le cadre tribal ; ils réunissaient plusieurs tribus ainsi que des étrangers. Ukâz, par exemple, que cite le hadith, se situait sur la route qui reliait La Mecque à Taïf. Les nomades et leurs chameaux ne se cantonnent pas dans les marchés de l'Arabie désertique ; ils sillonnent la Syrie et la Mésopotamie ; ils émigrent à Athènes. Ils ont, pour l'époque, une certaine vocation internationale. Ils se font payer leur rôle d'intermédiaires ou de guides pour le trafic terrestre. Certains se révèlent des hommes d'affaires, organisent des caravanes, font des bénéfices importants, se sédentarisent. Leurs centres d'opérations prospèrent. La Mecque devient une ville, à mi-chemin entre l'Arabie du sud et la Palestine byzantine. D'autres

[26] In Mahomet, Club français du livre, Paris, 1961, p 21 – 51

oasis jalonnent la route qui va à Médine ; des tribus juives y développent une agriculture florissante. Les transactions en monnaie deviennent fréquentes : dinars, c'est-à-dire deniers d'or et dirhams, c'est-à-dire drachmes d'argent. Ces marchés conduisent à une transformation des structures sociales ; le lien tribal, par exemple, s'affaiblit.

IV – Deux hadiths et le marché.

Le premier hadith que nous allons citer parait anodin. Son utilité est qu'il ancre le futur marché dessiné dans ceux qui existent déjà dans la péninsule. Le voici :
Ibn-Abbas a dit : « Ukâz, Majanna et dhu-l-Majâz étaient des foires aux temps antéislamiques. Quand l'islam fut établi, les fidèles croyaient commettre un péché en y allant faire des transactions. Dieu alors révéla ce verset : « Il n'y a point de péchés pour vous « pendant les fêtes du pèlerinage » (sourate II, verset 198). « C'est ainsi que Ibn-Abbâs récitait ce verset. » [27]
Ce hadith signifie simplement que les Musulmans ont continué à commercer sur les marchés datant de la période antéislamique. Il pose le principe de la continuité. L'Islam n'est pas en rupture avec les pratiques commerciales en usage sur les marchés.
Mais ce principe gêne quelque peu l'exégèse traditionnelle pour laquelle tout ce qui vient du pays des idoles ne saurait convenir. Dans l'imaginaire musulman, rien ne doit subsister de la période antéislamique perçue comme foncièrement mauvaise. Il n'en est rien et ce hadith en est une illustration.
Il n'est pas très explicite. Il fait référence au verset 198 de la sourate 2 :
« Ce n'est pas un péché que d'aller en quête de quelque grâce de votre Seigneur… » La suite du verset codifie une règle du pèlerinage et n'a aucun rapport avec le marché. Mais les exégètes y voient le profit que les hommes tirent du commerce, lequel profit est considéré comme une grâce d'Allah ; « d'aller en quête de quelque grâce » est semble-t-il, une formule

[27] Sahih Bukhari, hadith n° 2098, volume 3, Editions Al Maktaba Al Asriya, Beyrouth, 2009/1430H p 132

courante pour bénir les transactions effectuées par les Musulmans.
Le hadith cite trois marchés : Ukâz, Majanna et dhu-l-Majâz. Incontestablement, l'un d'entre eux, au moins, existait avant l'Islam ; il s'agit du marché d'Ukâz, sis entre Médine et Taïf ; très proche du cœur religieux de l'Islam, Médine, il est intégré dans les mouvements sociaux en voie de création.
Le deuxième hadith que nous nous proposons de citer tourne le dos à l'enseignement d'Aristote. Il se présente sous l'apparence anodine d'une historiette à contenu moral. Mais il est plein d'enseignements sur la nouvelle économie en voie d'élaboration doctrinale. Il annonce une nouvelle donne. Il énonce un deuxième principe qui a son importance : le marché est créateur de richesse. C'est la conclusion de l'historiette. La voici :
« Abdour-Rahmân Ibn Awf rapporta : Une fois arrivé à Al Madina, le Messager d'Allah établit entre moi et Saad Ibn Ar-Rabîa un lien de fraternité. Saad Ibn Ar-Rabîa dit : Je suis le plus riche des Ansârs. Je te donnerai la moitié de ma fortune. Tu peux regarder mes deux femmes et choisir celle qui te plait. Je te la laisserai. Une fois la période prescrite (avant le mariage) achevée, tu pourras l'épouser. Abdour-Rahmân répondit : « Je n'ai pas besoin de tout cela. Y a-t-il un marché où il est possible de m'adonner au commerce ? Le marché Kaynoukâa, lui dit-il. Abdour-Rahmân s'y dirigea. Il en apporta du lait de conserve et du beurre fondu. Il y alla régulièrement et ne tarda pas à venir avec, sur lui, des traces d'encens. Le Messager d'Allah lui dit : « Tu t'es marié ? » Oui, dit-il. « Qui as-tu épousé ? Lui demanda-t-il. Une femme des Ansârs, explique-t-il. Le Prophète lui dit : « Combien lui as-tu donné (en guise de dot) ». Il répondit : Le poids d'un noyau de datte en or, (ou un noyau de datte en or). Le Prophète lui dit alors : « Organise un banquet, ne serait-ce avec une seule brebis ». [28]

Ce hadith est l'illustration d'une révolution sociale silencieuse. En premier lieu, la situation qui prévaut est sans aucun doute transitoire ; elle marque sans doute la fin d'une époque. Elle

---

[28] Sahih Bûkhar, hadith n° 984, Editions Darussalam, Ryadh, 1999/1420, p 498

admet le partage des femmes en tant que partenaires sexuels. La femme n'a pas encore un statut juridique bien défini. Elle passe d'un homme à un autre.
Il en est de même pour les biens matériels. La propriété privée n'a pas de statut défini. La constitution d'une fratrie est la mise en commun de biens et des femmes. La femme est faite pour procréer ; peu importe l'homme. Le mariage, en tant qu'organisation sociale de la famille n'existe pas. La fratrie est sans doute le résidu d'une époque ancienne où se faisait le mariage de groupes : un ensemble d'hommes épousaient un ensemble de femmes avec indifférence dans les accouplements.
L'homme qui partageait ainsi ses biens par don volontaire à autrui, en frustrait ses enfants. La partie ainsi donnée échappait aux héritiers. De la sorte, la famille patriarcale, telle que nous la connaissons, n'était pas encore bien affirmée. Les femmes changeaient de couche, sans doute résidu d'un très ancien droit matriarcal en voie de disparition. On peut imaginer que les enfants en bas âge suivaient leur mère et n'étaient plus sous surveillance paternelle.
La fratrie ainsi décrite n'accordait aucune valeur économique aux biens ; elle n'accordait non plus aucune valeur à la famille, puisque le mariage pouvait être dénoué par don de la femme.
Les valeurs de cette société sont incompatibles avec l'existence d'un marché développé ; celui-ci relève d'une autre organisation de la famille comme nous allons le voir.
Dans la deuxième partie du hadith, « Abdour-Rahmân répondit : « Je n'ai pas besoin de tout cela. Y a-t-il un marché où il est possible de m'adonner au commerce ? Le marché Kaynoukâa, lui dit-il. Abdour-Rahmân s'y dirigea. Il en apporta du lait de conserve et du beurre fondu. Il y alla régulièrement et ne tarda pas à venir avec sur lui des traces d'encres (Soufra : jaune). Le Messager d'Allah lui dit : « Tu t'es marié ? » Oui, dit-il. « Qui as-tu épousé ? Lui demanda-t-il. Une femme des Ansârs, explique-t-il. Le Prophète lui dit : « Combien lui as-tu donné (en guise de dot) ». Il répondit : Le poids d'un noyau de datte en or, ou un noyau de datte en or. Le Prophète lui dit alors : « Organise un banquet, ne serait-ce avec une seule brebis ».

Concentrons-nous sur l'essentiel de ce deuxième paragraphe du hadith. L'homme venait d'arriver à Médine et ne connaissait pas la ville. Il pose la question qui importe : y a-t-il un marché dans cette ville ? Il précise : un marché où il m'est possible de m'adonner au commerce. En effet, il ne suffit pas qu'il y ait un marché ; encore faut-il qu'il soit ouvert aux étrangers. Il est étranger à la ville.

Ce marché existe ; l'étranger se livre au commerce ; il a gagné suffisamment d'argent, non seulement pour vivre, mais aussi pour se marier. Il doit son mariage à son travail. L'argent gagné donne droit au mariage. Le fondement du mariage est économique. On n'en sait pas plus pour l'instant. Mais on voit se dessiner un monde nouveau qui s'oppose à l'ancien. L'homme refuse le don d'une femme qui le ferait vivre. Il ne va pas vivre au crochet de sa femme ; il va, au contraire, subvenir aux besoins de sa femme.

De même, à des biens donnés, il préfère des biens acquis par le travail, par le commerce dans le marché. Information importante : le marché est un lieu où l'on gagne sa vie. Le marché, par son efficacité, est supérieur à la politique du don. Sans doute les rapports de production étaient-ils en train d'évoluer. Il faut beaucoup de courage ou d'inconscience pour refuser une telle offre, car elle résout, en principe, tous les problèmes de subsistance : avoir une femme et des biens sans avoir travaillé pour les acquérir, n'est-ce pas le rêve ? Mais ce rêve n'était sans doute pas un, ou alors, c'était un cauchemar. Peut-être le don était-il une forme de servitude permanente ? On ne le saura pas. On sait, en revanche, que le marché a comblé les attentes de celui qui voulait y commercer pour bien vivre. Le marché devient une entité positive, un centre d'enrichissement. Ceci suppose, implicitement, une économie en pleine croissance, une multiplication d'offres et de demandes. On voit mal un marché atone faire vivre un nouveau venu quand les anciens opérateurs peinent à subsister.

Il est possible d'affirmer que la croissance de l'économie du marché a détruit les structures sociales de la fratrie.

Ce hadith nous montre l'émergence de l'individu ; seul, œuvrant dans le marché, il atteint ses objectifs de réussite. Il s'offre, seul, ce qui lui était gratuitement offert. Ainsi, le

marché permet l'émergence de l'individu ; il sort de la gangue du groupe.
Mais il s'agit d'une position doctrinale. Car la réalité des marchés existant ne pouvait porter à tant d'optimisme.
Premier principe énoncé : le marché est créateur de richesses. C'est une première. Les pieux transmetteurs tournent le dos à l'enseignement d'Aristote pour lequel le marché est une anomalie regrettable. Une ère nouvelle s'ouvre pour le marché.

Chapitre 2

La doctrine idéale : le marché sous le signe de l'égalité.

Les pieux transmetteurs ont présenté un certain nombre de hadiths sur l'égalité entre les hommes. Ils n'ont pas traité d'égalité abstraite. Ils ont présenté des cas concrets de promotion à l'égalité de personnes auxquelles la société a imposé un statut juridique inférieur, proche du servage.

Nous avons vu, dans le chapitre précédent, un hadith qui présente le marché comme un lieu de création de richesses. Un homme seul, un exilé, nous dirions aujourd'hui un immigré, va au marché ; l'homme a été chassé de La Mecque, contraint d'abandonner tous ses biens. Arrivé à Médine, il refuse la charité bienveillante. Il demande sa route pour aller au marché ; il y gagne sa subsistance au point de s'intégrer dans son pays d'accueil par le mariage. Il ne fait pas fortune. Il s'assure du nécessaire pour vivre. C'est une nouvelle image du marché qui est donnée, en rupture avec la réalité telle que vécue dans les provinces byzantines.

Les hadiths poursuivent les réformes du marché afin d'accroître son efficacité quant à sa capacité de créer des richesses, particulièrement pour ceux qui en sont dépourvus. Ce sont des réformes sur le plan de la doctrine. Nous assistons à la constitution du marché idéal. Son rapport avec la réalité, avec les conditions socioéconomiques n'est pas établi. Les hadiths se situent sur le plan de la doctrine. Mais la doctrine résulte des observations empiriques et de solutions pragmatiques. Elles conduisent à un bouleversement de la société.

Encore une fois, il nous faut invoquer Aristote pour souligner les évolutions.

I – Retour à Aristote.

Aristote a vu la fin de la communauté autarcique en Grèce ; elle a éclaté pour cause d'expansion démographique ; de ce fait, elle ne peut plus se suffire à elle-même ; elle doit se procurer, par échange, ce qu'elle ne peut plus produire. Aristote définit le bon commerce ; il permet à la famille, jadis autarcique, de se procurer, par échange de produits, ceux qui lui manquent. Cependant, cette spécialisation dans le travail a lieu dans une société hiérarchisée. Elle a ses règles :

« Jadis, chez certains, écrit Aristote, l'artisan était esclave ou étranger. Et c'est pourquoi la plupart le sont encore aujourd'hui. » Tel est le statut de l'artisan : être esclave ou étranger.

L'esclave relève de la sphère privée ; il est le domestique qui s'occupe d'une seule personne. L'artisan et l'homme de peine agissent dans la sphère publique : ils rendent service ou produisent pour la communauté.

Aristote ajoute : « La cité excellente, quant à elle, ne fera pas de l'artisan un citoyen. » Il s'agit d'un être inférieur, socialement parlant.

« Les citoyens ne doivent mener la vie ni d'un artisan ni d'un marchand, car une telle vie est vile et contraire à la vertu ; et ceux qui sont destinés à devenir citoyens ne seront pas non plus paysans, car il faut du loisir tant pour développer la vertu que pour les activités politiques » [29]

Et voici le marchand rangé sous le même statut que l'artisan. Il n'a pas accès à la citoyenneté. Son travail est utile à la communauté ; il est à son service au bas de l'échelle sociale.

Dans quelle mesure ces artisans et ces marchands sont-ils libres de fixer le prix de leurs services ? Un rapport de force existe ; les acheteurs, qui ont le statut supérieur peuvent, s'ils le veulent, fixer les prix comme ils le souhaitent ; ils ont la force pour eux. Or il n'y a pas de marché dès lors qu'il y a inégalité de traitement entre les producteurs de biens et services et leurs acheteurs.

---

[29] Aristote, Les politiques, Edition Flammarion, Paris, 2008, p 395

II – Retour à Byzance.

Cette pratique existait aussi dans la partie orientale de l'empire romain, à la veille de la prédication de Mahomet.

Les commerçants et les artisans faisaient partie des *humilioris* au statut inférieur. Les artisans des villes étaient soumis au conseil de la cité qui fixait les prix, réglementait les pratiques commerciales et organisait les corvées gratuites. On ne peut parler de marché.

Les paysans n'étaient pas mieux lotis ; ils n'avaient pas le droit de circuler librement. Le code Justinien disposait, à leur encontre :

« Alors que, dans d'autres provinces soumise à la règle de Notre Sérénité, une loi instituée par nos ancêtres lie les tenanciers par une sorte de droit éternel, si bien qu'ils ne peuvent quitter le sol qui les nourrit de ses récoltes, ni abandonner les champs qu'ils ont un jour entrepris de cultiver, les propriétaires de Palestine ne jouissent pas de cet avantage : nous ordonnons qu'en Palestine également aucun tenancier ne soit libre d'aller où bon lui semble, mais qu'il soit, comme dans les autres provinces, lié au possesseur de la ferme. »

« La situation des tenanciers se dégrada progressivement. En 332, Constantin autorisa les propriétaires fonciers à enchaîner les *coloni* soupçonnés de vouloir s'enfuir. » [30]

Cet avantage ne plaisait pas aux paysans, qui accueilleront les Musulmans à bras ouverts.

III – Les ruptures initiées par les hadiths.

Un certain nombre de hadiths vont établir l'égalité des conditions pour les intervenants sur le marché.

Les hadiths n'ont pas force de loi. Ils n'engagent pas les pouvoirs publics. Ils sont une force de proposition morale. Ils établissent la doctrine idéale en matière de transactions commerciales.

---

[30] A.H.M. Jones, Le déclin du monde antique, 284-610, Editions Sirey, Paris, 1970, p 279-280

a) La valorisation du travail de l'artisan et du marchand

Un hadith, qui a valeur de portée générale, va réhabiliter à la fois le travail manuel et l'activité des commerçants :
« On avait posé une question au Prophète : quel est le meilleur moyen, le plus licite à employer lorsqu'on veut acquérir des biens ?
Le Prophète répondit : ce meilleur moyen réside dans les gains réalisés par l'homme lorsqu'il travaille de ses mains ou par l'activité du commerçant honnête. » [31]
On assiste ainsi à une inversion de l'échelle des valeurs sociales. La hiérarchie décrite par Aristote est considérée comme dépassée. Le statut social qui prévaut à Byzance est rejeté. Pour le hadith, la valeur du travail est primordiale. Elle entraîne la valorisation des travailleurs manuels et des commerçants, considérés comme un ensemble homogène qui structure la société. L'activité de l'artisan et celle du commerçant étant valorisées, ceux-ci changent de statut. Ils ne se situent plus au bas de l'échelle sociale. Ce ne sont pas des parias. Ils deviennent ceux qui peuvent gagner de l'argent honnêtement et cette fonction les honore.
Cette même perception provient d'un autre hadith, qui insiste :
« Le Messager de Dieu dit : Personne n'a mangé meilleure nourriture que celle qu'il a gagné du travail de ses propres mains. D'ailleurs, David, le prophète de Dieu, que le salut soit sur lui, mangeait du travail de ses mains. » [32]
De la sorte, on honore le travail, créateur de considérations et on lui trouve un saint patron en la personne du prophète David. Le travail est un métier de roi. Autant dire que le travail est au sommet de la hiérarchie ; ou, mieux, que le travail abolit toute hiérarchie et crée l'égalité entre les hommes.
Les hadiths ne vont pas se contenter de cette appréciation générale du travail et des travailleurs. Ils ne vont pas se contenter de cette affirmation brutale qui avait tout lieu de choquer la société du troisième siècle hégirien. Ils seraient restés lettre morte s'ils s'étaient arrêtés à cette affirmation

---

[31] Boulough al-Maram, op cit p 282
[32] Bûkhari, op cit p 111

générale. Dans un souci pédagogique, ils vont détailler les différents métiers qui sont honorés afin que nul n'en échappe et que nul n'en ignore.

b) La réhabilitation des hommes de peine.

Plusieurs hadiths vont réhabiliter les hommes de peine de la manière suivante :
Hadith n° 2074 : « Le Messager de Dieu a dit : « Que l'un de vous aille apporter une charge de bois sur son dos ; cela vaut mieux pour lui que demander l'aumône, qu'elle soit donnée ou refusée. » [33]
« Le prophète a dit : que l'un de vous prenne une corde, aille chercher du bois pour le vendre en vue de préserver son honneur ; ceci est meilleur pour lui que tendre la main, qu'on lui donne ou non. » [34]
Un autre hadith, n° 2075, par un autre transmetteur, envoie le même message : « Le prophète a dit : Que l'un de vous prenne ses cordes ; cela vaut mieux pour lui que de demander l'aumône. » [35]
Hadith n° 2273 : « Lorsque le Messager de Dieu ordonnait de faire l'aumône, l'un de nous se rendait aussitôt au marché pour porter des fardeaux ; et il arrivait qu'il gagnât un mud... Et aujourd'hui, il y a quelques-uns qui possèdent cent mille... » [36]
L'un des transmetteurs a commenté ce hadith en précisant qu'à sa connaissance, il ne visait qu'une seule personne ayant atteint ce capital de cent mille muds. Nous avons quatre hadiths, provenant au moins de deux sources différentes, qui honorent le dernier des métiers, celui qui ne requiert aucune qualification ; c'est la force de travail à l'état brut, celle qui emploie les muscles du travailleur. Le métier de portefaix, le plus vil des métiers, le moins payé ; le voici porté au pinacle par respect pour l'homme qui l'exerce. Cet homme est honorable car il s'exonère de la mendicité.

---

[33] Bukhâri, op cit, t 3, p 114
[34] Boulough Al Baram, op cit, p 227
[35] Boulough Al Baram, op cit, p 116
[36] Boulough Al Baram, op cit, p 116

Il n'est pas possible de discuter quand le Prophète s'est exprimé ou a jugé. Ces propos ont force de loi. Ainsi, dans l'esprit des pieux transmetteurs, la parole du Prophète a élevé les hommes de peine du statut inférieur qui était le leur à celui d'hommes honorables. Cette profession est anoblie : ce sont les proches compagnons du Prophète qui se livrent à cette activité. Le marché est porteur puisque les hommes de peine y gagnent suffisamment d'argent pour verser des aumônes et même pour s'enrichir. On peut, nous dit-on, gagner un mud et arriver à épargner cent mille muds. Le marché est créateur de richesses, même pour les hommes de peine. Nous sommes dans la doctrine idéale du marché.

c) Réhabilitation et promotion des artisans.

Nous allons examiner les cas de figures traités par les hadiths dans le Sahih Bûkhari.
Le Prophète rappelle que le territoire de La Mecque est sacré ; nul n'a le droit d'y couper les arbres, ni d'arracher les herbes, ni de faire fuir le gibier ; cependant, une exception est faite pour les orfèvres qui peuvent arracher une herbe appelée idhkhir ; elle est utilisée pour la fonte des métaux. [37]
Il a donc un statut exorbitant du droit commun qui fait de lui un privilégié.
Le forgeron :
Un hadith fait du forgeron le symbole de tous les artisans :
« J'étais artisan, dit ce forgeron ; avant l'avènement de l'Islam, je me suis rendu chez un riche client pour lui réclamer mon dû. Il refusa de me payer, me proposant ce marché : je te paierai si tu nies Muhammad.
Je le nierai, répondis-je, que lorsque Dieu te fera mourir puis te ressuscitera. »
Le client n'a pas payé et fut fustigé par un verset du Coran. [38]
On comprend que cet artisan, ce forgeron dispose d'un très haut statut social dans la hiérarchie religieuse ; il fut victime d'une injustice puisque son client a refusé de le payer. Mais le

[37] Bûkhari, op cit : L'orfèvre (hadith n° 2089) p 124
[38] Bûkhari, op cit p 126

forgeron a gagné la faveur suprême, puisque Dieu a traité de son cas. Il a reçu la meilleure récompense. Etre forgeron, c'est être proche du paradis.
Le couturier :
Un transmetteur rapporte le hadith suivant :
« Un couturier invita une fois le Messager de Dieu à un repas qu'il avait préparé. Je partis avec le Messager de Dieu à cette invitation. Le couturier plaça près de ce dernier du pain et du bouillon contenant des courges et de la viande sèche. Je vis alors le Prophète chercher les morceaux de courge tout autour de la grande écuelle. Depuis lors, je n'ai cessé d'aimer la courge. » [39]
Le Prophète, personnage considérable, honore de sa présence la table d'un couturier. Voici le couturier anobli. Il a nourri le Prophète.

d) La promotion de la femme et du tisserand

Le hadith qui va suivre poursuit un double objectif. Il réhabilite le métier de tisserand, à l'instar des autres métiers manuels, en les faisant entrer en communication avec le Prophète.
De plus, ce tisserand est une femme. Dans un monde musulman réputé misogyne, une femme est célébrée comme interlocutrice du Prophète.
« Une femme vint avec un manteau et dit : Ô messager de Dieu ! Je l'ai tissé pour toi.
En ayant besoin, le prophète le mit puis sortit nous voir après l'avoir mis. »
De la sorte, le métier de tisserand est anobli et la femme est hissée au niveau de l'homme. Ainsi à l'égalité des conditions, s'ajoute l'égalité du traitement de l'homme et de la femme dès qu'il s'agit de l'activité productrice.
Nous retrouvons la même indépendance de la femme exerçant l'activité de menuisier :
« Une femme des Ansar dit au Messager de Dieu : ne veux-tu pas que je te fabrique un siège sur lequel tu peux t'asseoir quand tu prêches à la mosquée ? J'ai un esclave menuisier.

[39] Bûkhari, op cit p 128

Elle le fabriqua et le jour du vendredi venu, le Prophète s'assit dessus. »[40]

Ce hadith montre la femme sous un nouveau jour. Le métier de menuisier n'est pas réputé être un métier de femme. Celle-ci l'exerce, non en tant travailleuse manuelle, mais en tant que chef d'un atelier qui dispose d'un travailleur – ici, un esclave.

La présence du Prophète dans ce hadith est une garantie : les droits de la femme quant à son statut d'artisan sont reconnus. Ce statut est celui de menuisier. Profession honorable, elle aussi : au 3ème siècle hégirien, la chaire du Prophète en sa mosquée de Médine faisait l'objet d'une intense dévotion. Et cette chaire est l'œuvre d'une femme. Les Ansar sont les habitants de Médine. L'esclavage sera traité dans un chapitre à part.

L'événement a suffisamment frappé les esprits pour être rapportée une seconde fois, par un autre hadith :

« On interrogea Sahl Ben Saad : de quoi était fait le minbar du Prophète ? – Il n'y a maintenant, répondit Sahl, aucune personne qui peut être informée plus que moi sur ce sujet…Il était fabriqué en bois de tamaris d'al Ghaba, par Un tel, l'affranchi d'Une telle, et ce, pour l'usage du Messager de Dieu. En effet, après sa fabrication, on le plaça…et le Messager de Dieu s'est placé dessus. Il s'orienta alors en direction de la qibla et dirigea la prière… »[41]

D'un hadith à l'autre, l'esclave est devenu un affranchi. Mais son nom n'est pas passé à la postérité, pas plus que celui de sa patronne. Dorénavant, le minbar fera partie de toutes les mosquées. Le mérite en revient à une femme puisqu'elle a suggéré l'idée au Prophète.

Les hommes et les femmes sont rendus égaux entre eux par le métier qu'ils exercent. Tout comme les hommes, les femmes ont accès au marché. Leur indépendance est reconnue pour la gestion de leurs affaires. Si les femmes ne sont pas libres de leur corps dans le mariage, toute liberté leur est accordée dans l'exercice d'un métier. Elles ont la même capacité juridique que les hommes. Subordonnée dans le couple, la femme ne l'est pas

---

[40] Bûkhari, op cit p 128

[41] Bûkhari, tome1, op cit, p 292.

dans son travail. Il y a là une contradiction qui devra être dépassée un jour ou l'autre.
Revenons aux métiers.

Le barbier :
Un hadith assure la protection d'un autre artisan, le barbier qui pratique la saignée :
« Le prophète se fit faire une scarification et donna une somme contre cela. Et si la scarification était illicite, il n'aurait pas donné de salaire à celui qui l'avait pratiquée. »[42] Le prophète est ainsi mis au premier plan pour élever la condition sociale du barbier. Quand le Prophète traite avec un artisan, il en fait son égal.

Le tanneur :
Un hadith rapporte que « de passage auprès d'une brebis crevée, le Messager de Dieu dit : Ne voulez-vous pas tirer profit de sa peau ?
- Mais elle est crevée !
- On n'a interdit que le fait de la manger. » [43] Et voici le métier du tanneur tiré vers le haut.
Le tanneur exerce, lui aussi, un travail honnête.

Le courtier :
Il s'agit d'un hadith sans numéro ; ceci veut dire que, tout en étant valide, sa transmission relève d'une seule source, au lieu de deux.
« Ibn Abbas : il n'y a aucun inconvénient à dire à quelqu'un : vends ce vêtement, et ce qui est en plus, de telle ou telle somme, est à toi. »
« Ibn Sirin : Il n'y a pas de mal si on dit à quelqu'un : Vend l'objet à tel prix et le bénéfice qui est en plus sera à toi ou à nous deux. »
Le Prophète dit : Les Musulmans doivent respecter les conditions qu'ils se sont imposées. » [44]

---

[42] Bûkhari op cit p 134
[43] Bûkhari op cit p 194
[44] Bûkhari op cit p 230

Un courtier fait un travail honnête qui mérite rémunération.

Le boucher :
« Un boucher demanda à son aide qu'on lui prépare un repas de viande pour cinq personnes. Il comptait inviter le Prophète et quatre de ses compagnons. Les cinq invités se présentèrent à son domicile ; cependant, ils étaient six. Le Prophète dit alors, au sujet du sixième : cet homme nous a suivis ; si tu veux lui permettre d'entrer, invite-le ; sinon, il s'en retournera. Le boucha l'invita à pénétrer dans son domicile. » [45]
Anecdote édifiante, mettant en valeur la générosité du boucher. La meilleure façon d'ennoblir un métier est de faire asseoir le travailleur qui l'exerce et le Prophète à la même table.

Tous ces hadiths sont en rupture avec les explications d'Aristote sur les artisans et sur la situation qui est la leur dans l'empire byzantin en 610, à la veille de la prédication du Prophète.
La figure imposante du Prophète est mise à contribution pour élever les artisans au rang d'interlocuteurs du Prophète. A ce titre, ils ont droit au respect dû à celui qui a côtoyé le Prophète. Nous poursuivons.
Le poseur de ventouses :
Mais les hadiths ne sont pas toujours aussi clairs et formels. Ainsi, par exemple, nous avons, pour le poseur de ventouses, deux hadiths qui se contredisent. Le premier est de Boukhari :
« Le Prophète s'était fait poser des ventouses et a donné son dû à celui qui les lui avait posées. Et si c'était illicite, il ne l'aurait pas payé. » [46]
Le second hadith émane de Mouslim :
« Le prophète a dit : le gain du poseur de ventouses est désapprouvé. »[47]
Dans la pratique, la pose des ventouses est une activité féminine qui se traite au sein de la famille. Et, dans ce cas, on conçoit l'absence de rémunération. Autrement, la pose des ventouses est du domaine du barbier ; dans ce cas, elle se pratique dans

---

[45] Bûkhari op cit p 120
[46] Bûkhari, op cit n° 2013, p 134
[47] Boulough al -Maram, op cit p 333.

son échoppe, non à domicile. Les pieux transmetteurs n'ont pas jugé utile de résoudre la contradiction ; aux croyants d'agir comme ils l'entendent dans ce domaine.

IV – Un marché ouvert.

Le marché est ouvert à tous, sans considération de religion. Si les Musulmans combattent les Polythéistes, ce n'est pas dans l'enceinte du marché. Les droits des uns et des autres y sont respectés. Les hadiths nous proposent tous les cas de figure :
« Un polythéiste arriva avec des moutons et le Prophète a acheté de lui une brebis. »[48]
Hadith n° 2216 : « Nous étions avec le Prophète quand arriva un Polythéiste hirsute et grand de taille avec des moutons. Le Prophète lui dit : est-ce une vente que tu veux faire ou bien une donation ? – C'est plutôt une vente, répondit l'homme. Sur ce, le Prophète acheta de lui une brebis. » [49]
Deux sources indépendantes pour défendre la même idée : la guerre nécessaire contre les polythéistes s'interrompt dès qu'il y a commerce. Le commerce est une activité pacifique qui ne tient pas compte des différences de religions.
D'après les commentateurs, ce hadith vise des adversaires en guerre contre le Prophète. Ainsi, le marché est ouvert aux belligérants.
Les polythéistes sont combattus sur le plan religieux ; mais il n'y a aucun débordement sur le plan commercial. Dans ce cadre, le polythéiste est respecté, il n'est pas dépouillé parce que ennemi. Le Prophète donne l'exemple de relations commerciales pacifiques avec ses adversaires.
Les donations ne relèvent pas du marché et sont soumises à d'autres conditions, souvent d'ordre religieux.
Hadith n° 2263 : « Aïcha dit : Le Prophète et Abu Bakr employèrent un guide polythéiste, fin connaisseur des pistes. Ils lui confièrent leurs chamelles et lui donnèrent rendez-vous trois

---

[48] Bûkhari, op cit, p 130
[49] Bûkhari op cit p 190

nuits plus tard. Il fut exact au rendez-vous puis les guida jusqu'au lieu de leur destination. »[50]
Le polythéiste, ennemi juré, est crédité de bonnes intentions dès lors qu'il s'inscrit dans une activité rémunérée. Implicitement, ce hadith montre que le mal réside dans l'absence de travail.
Il en est de même pour le commerçant juif. « Aïcha dit : Le Messager de Dieu acheta à terme d'un Juif une nourriture et lui donna son armure comme gage. »[51] (Hadith n° 2096).

V – Retour sur l'égalité de l'homme et de la femme :

Plusieurs hadiths énoncent le principe d'égalité de l'homme et de la femme dès qu'il s'agit du marché. Ainsi Aïcha, l'épouse du Prophète est mise à contribution. Ses interventions commerciales sur le marché sont approuvées par le Prophète. Selon Sahih Boukhari ; la femme peut disposer des biens de son mari comme étant siens :
« Hammâm a entendu Abou-Horaïra rapporter que le Prophète a dit : « La femme qui, sans y avoir été autorisée par son mari, distribue (en aumônes) une partie des biens de celui-ci, aura droit à la moitié de la récompense attribué à son mari ». Ici est énoncé le principe d'association à parts égales entre la femme et son mari dans la gestion des biens. Il est entendu que la femme qui distribue l'aumône, assure la gestion des biens du couple.
« Aicha, mère des croyants, rapporta avoir acheté un coussin sur lequel sont dessinées des images. En le voyant, le Messager d'Allah resta debout devant la porte et n'entra pas. « J'ai remarqué sur son visage les signes du mécontentement », dit-elle. Je lui dis alors : « Ô Messager d'Allah ! Je me repens à Allah et à Son Messager, quel péché ai-je commis ? ». Le Messager d'Allah me répondit : « Qu'est-ce donc que ce coussin ? ». Je lui dis que je lui avais acheté pour qu'il s'y assoie dessus et s'y appuie. Il me dit : « Les peintres (ou les propriétaires) de ces images seront passés au supplice le Jour de la Résurrection. On leur demandera d'insuffler la vie dans ce

---

[50] Bûkhari op cit p 220
[51] Bûkhari op cit p 130

qu'ils ont créé ». Il dit aussi : « Les anges n'entrent pas dans la maison où il y a de telles images »[52].

Que d'informations en deux lignes !
Les femmes ont pleine capacité à intervenir sur le marché. Ainsi, « Aïcha, la Mère des Croyants rapporte qu'elle avait acheté un coussin sur lequel il y avait des dessins. » Le Prophète s'en offusque et dit : « Les anges n'entrent pas dans la maison où il y a des représentations figurées. » [53] La Mère des Croyants est présente sur le marché par les achats opérés ; la profession de peintre est interdite aux croyants ; mais les tableaux et dessins des peintres sont présents sur le marché. L'interdiction de peindre est d'ordre religieux et n'entraîne pas une interdiction de l'offre marchande.
Selon un autre hadith (n° 2155, p 160), Aïcha s'était proposée d'acheter une esclave, Barira, pour l'affranchir. Les propriétaires voulaient bien lui vendre l'esclave tout en conservant pour eux le droit de tutelle, signifiant par là qu'une femme ne pouvait exercer son droit de propriété. Interrogé, le Prophète décida que la vente de l'esclave entraînait le transfert de tutelle, ici en faveur d'une femme. De la sorte, la femme a pleine capacité d'agir en matière de commerce.

VI – Retour sur l'égalité des conditions.

D'autres hadiths s'attachent à énoncer l'égalité d'accès au marché indépendamment des croyances religieuses : les juifs, les chrétiens, les musulmans et les polythéistes sont à égalité.
Voici un exemple de hadith qui souligne avec force cette égalité : il nous provient de Tirmidhi, né en 209 h/ 824 à Tirmidh, ville appelée aujourd'hui Termez, ville sur l'Amou Daria, à la frontière entre l'Afghanistan et l'Ouzbékistan.
Tirmidhi a collecté les propos sur le Prophète, émanant des membres de sa famille ou de ses proches compagnons. Ce sont des traits de son comportement. Voici le hadith en question : « Un jour, un esclave nommé Salmane vint trouver le Prophète

[52] Boulough al -Maram, n° 1006, op cit p 509
[53] Bûkhari, Hadith n° 2105, op cit p 136

avec un paquet de dattes. Qu'est cela ? demanda le Prophète ; une aumône, répondit Salmane. Nous ne mangeons pas le produit de l'aumône. Le lendemain, Salmane revint avec les mêmes dattes. A la question du Prophète, il répondit : un présent. Le Prophète accepta les dattes.
En guise de remerciements, le Prophète voulut, pour l'affranchir, acheter l'esclave, à son propriétaire qui se trouvait être juif. Le Prophète paya la somme requise ; cependant, dans le contrat qui liait l'esclave à son maître, il y avait une autre condition : l'esclave devait planter, pour son propriétaire, des palmiers et les entretenir jusqu'à ce qu'ils donnent des fruits. Le Prophète se mit alors à planter les dattiers. » [54]
Ce hadith est plein d'enseignements : le respect, par le Prophète, des clauses d'un contrat qui ne le concernait pas. Ce contrat lie un Juif à son esclave. Le Prophète respecte les droits du Juif. Il ne le lèse pas au nom de la nouvelle religion. C'est ce comportement qui compte. Le chroniqueur ajoute : les palmiers donnèrent des fruits dans l'année. Ceci est la partie magique du hadith.

VII – Retour sur la doctrine du marché.

La protection du vendeur :
Parmi les principes de l'égalité des conditions, il faut placer ce hadith : « Ô les Beni an-Najjar ! Fixez-moi un prix pour votre jardin. » [55] D'après les commentateurs, ce hadith fait droit au vendeur de fixer le prix de vente de ses produits ; ce principe renverse ce qu'en disait Aristote et ce qui se pratiquait dans l'empire de Byzance.
Le hadith suivant est plus explicite :
« On rapporte d'Ibn Masoûd qui disait : J'ai entendu le Prophète dire : s'il y a un différend entre le vendeur et le client et qu'ils n'ont pas de preuves, alors c'est le vendeur qui aura raison s'ils ne se mettent pas d'accord. » [56]

---

[54] Tirmidhi, La morale du Prophète de l'Islam, Editions Universel, Paris, 2001, p 17-18
[55] Tirmidhi op cit n° 2106, p 136
[56] Boulough al-Maram p 283

Ainsi, ces deux hadiths s'inscrivent en faux contre les prescriptions d'Aristote et les pratiques byzantines qui avaient cours. Ils posent un postulat fondamental pour la doctrine idéale du marché. Le vendeur est maître de sa marchandise, seule façon d'éviter les spoliations et d'assurer la sécurité des transactions.
Protection de l'acheteur :
« On rapporte que le Prophète avait dit : Seul un fautif fait de la rétention de marchandises. » [57]
Nous voyons poindre, avec ce hadith, un nouveau principe. Le vendeur n'a pas tous les droits ; l'acheteur doit être, lui aussi, protégé. Nous y reviendrons longuement dans le chapitre suivant, sur la liberté.

La protection des salariés.
Le salarié est un travailleur précaire dont le statut peine à se dégager de celui de l'esclave, car ils peuvent être en concurrence pour le même travail. La protection du salarié est une idée neuve.
On rapporte d'Abi Hourayra qui disait : Le Prophète avait dit : « Allah le Très Haut a dit : Il y a trois personnes parmi vous qui seront mes adversaires le jour de la résurrection : Un homme qui jure par mon nom puis trahit, un homme qui vend une personne libre et mange le prix et un homme qui embauche un employé, sincèrement accompli, sans le payer. » [58]
Nous allons nous arrêter sur le troisième segment du hadith : parmi les adversaires de Dieu, le jour du Jugement, figure l'homme qui emploie un travailleur compétent et ne le rémunère pas. L'homme ainsi désigné est un impie. Il est implicitement condamné aux feux de l'enfer. Le Prophète est l'ami du travailleur salarié spolié de son salaire. Il ne peut rien pour lui en ce bas-monde ; il faut noter cette impuissance à affronter la réalité. Il le protège dans l'au-delà ; et l'homme qui craint Dieu paiera son salaire au travailleur ; c'est une obligation religieuse. L'homme est perdant quand il ne paie pas

[57] Boulough al-Maram op cit p 295
[58] *Hadith* rapporté par Mouslim, op cit, page 333 n° 772

son salaire au travailleur. [59]

On rapporte d'Ibn 'Omar qui disait que le Prophète avait dit : « Donnez à l'employé son salaire avant que sa sueur ne sèche ». (*Hadith* rapporté par Ibn Mâjah). Le salaire doit être payé dès que le travail est effectué ; il ne souffre ni délai ni atermoiement.[60]

On rapporte d'Abi Sa'îd Ak-Khoudrî que le Prophète avait dit : « Que celui qui embauche un employé, lui paye entièrement son salaire ». (*Hadith* rapporté par Abdir-Razzâq. Ce *hadith* comporte une interruption qui a été rétablie par Bayhaqî ; et cela de la version d'Abi Hanîfâ).

Un salarié est un homme libre qui effectue un travail généralement accompli par un esclave. L'esclave est nourri et logé, il n'est pas payé. En principe, le salarié n'est ni nourri ni logé. Peut-être était-il payé en nature ? Les hadiths cités font entrer le travail salarié dans la sphère monétaire. En principe, le salarié est un esclave affranchi. Sa condition de salarié, protégée par Dieu, le fait accéder à la dignité de l'homme à respecter du fait de son travail.

VIII – L'éthique du marché : le respect de la parole donnée

« D'après Abu Hurayra, le Messager de Dieu parla d'un homme des fils d'Israël ayant demandé à un autre Israélite de lui prêter mille dinars.

- Apporte-moi des témoins, avait dit l'homme.
- Il suffit, avait répondu l'emprunteur d'avoir Dieu comme témoin.
- Apporte-moi alors un garant.
- Il suffit d'avoir Dieu comme garant.
- Tu as raison.

Aussitôt, il lui avait donné ladite somme pour un terme fixé. Et l'autre de prendre la mer. Après avoir terminé son affaire, il avait cherché un navire pour revenir à la date convenue mais

---

[59] Boulough al-Maram *Page 334 n° 774 p 198*

[60] Boulough al-Maram op cit *Page 334 n° 775*

vainement. Alors, il avait pris une planche, l'avait creusée et y mit les mille dinars et une lettre en recouvrant tout. Après quoi, il s'était placé devant la mer en disant :

- O mon Dieu ! Tu sais bien que j'avais emprunté d'un tel une somme de mille dinars, qu'il m'avait demandé un garant et que je lui avais alors dit :
- Il suffit d'avoir Dieu comme garant.
- Il m'avait aussi demandé un témoin et je lui ai dit :
- Il suffit d'avoir Dieu comme témoin.
- Il t'avait aussi accepté. Tu sais encore que j'ai fait de mon possible pour trouver un navire pour lui envoyer son dû, mais vainement. Donc, je te confie cette planche.

Il l'avait aussitôt jetée à la mer. Remarquant que la planche s'était bien éloignée dans le large, l'homme partit et commença de nouveau à chercher un navire pour revenir dans son pays.

Quant à l'autre homme, il était sorti à la date convenue pour voir s'il y avait un navire arrivant avec ses biens, mais tout à coup, il vit la planche qui contenait les mille dinars. Il la prit aux siens comme étant du bois à brûler. Mais en la sciant, il trouva la somme et la lettre.

Plus tard, en arrivant du voyage, l'emprunteur s'était présenté avec une autre somme de mille dinars en disant au créancier :

- Par Dieu, je fis de mon possible pour trouver un navire et te rapporter ton dû ; mais avant ce navire-ci, je ne trouvai aucun.
- M'as-tu envoyé quelque chose ? avait demandé l'autre.
- Je te dis que je ne trouvai pas de navire avant celui sur lequel je viens d'arriver.
- Eh bien ! Dieu m'a fait parvenir à ta place ce que tu avais envoyé dans la planche. Va avec ces mille dinars en restant dans la droiture. »[61]

Le respect des transactions commerciales ou financières n'a pas de patrie ; il n'a pas de religion. Il s'inscrit dans la nature humaine ; pour la première fois, un hadith évoque le droit

[61] Boulough al-Maram op cit p 246

naturel et il s'agit de finance. Cet homme intègre est Juif. La nouvelle religion respecte ses aînés.
De la sorte, nous voyons comment se construit la doctrine idéale du marché : pas à pas ; chaque étape exprime une idée tout à fait nouvelle pour le lecteur ; il n'y est pas préparé ; elle bouleverse ses habitudes ; les hadiths ne lui assènent pas des vérités révélées indiscutables ; chaque hadith met sur le compte du Prophète un comportement nouveau illustré par une anecdote significative. L'anecdote banalise le concept et le rend à la portée du lecteur moyen.
Nous allons suivre pas à pas, le cheminement vers le corpus de la doctrine idéale du marché.

IX – Des hadiths subversifs.

Mais en même temps, ces hadiths sur l'égalité entre les hommes, malgré le statut de l'esclavage, sont subversifs. Ils représentent le point de vue de l'opprimé, qui se trouve injustement relégué au bas de l'échelle sociale. Les hadiths libèrent l'opprimé de ses chaînes. On lui volait le produit de son travail. Depuis Aristote, l'homme opprimé faisait partie de la nature. Désormais, grâce aux hadiths, il devient un partenaire qui se confronte à la nature et va tenter de l'apprivoiser à son profit. Voici la révolution profonde qui se produit et qui va changer le cours de l'existence sur le pourtour méditerranéen. Car la société du troisième siècle hégirien tend de plus en plus à ressembler à l'empire byzantin ; elle est elle aussi créatrice d'inégalités. Ces hadiths ne s'adressent pas à l'élite au pouvoir. Ils sont plutôt dirigés contre elle ; l'élite est arabe ; les opprimés ne le sont pas ; l'imam Bûkhari, lui-même, est fraîchement converti. Ces hadiths sur l'égalité s'adressent à la société populaire qui se convertit en masse. Ils encouragent les déshérités à revendiquer leurs droits et leur place autour du festin commun. Ils sont une révolte contre l'ordre établi. Ils répudient, définitivement, l'ordre byzantin et celui de l'Eglise qui se confond avec lui.
Certes, ces hadiths n'ont aucune force de loi ; il s'agit d'une littérature souterraine en quelque sorte ; elle est en concurrence avec les écrits qui célèbrent la dynastie régnante, avec les écrits

des philosophes, ceux des exégètes du Coran, les écrits de ceux qui rejettent toute religion. Le troisième siècle hégirien est un siècle de fort bouillonnement culturel. La liberté d'expression y est convenablement respectée.

La proclamation de l'égalité entre les hommes, ainsi définie, est le socle sur lequel s'élève la liberté. Pour les pieux transmetteurs, les droits de l'homme ne sont pas naturels ; à sa naissance, l'homme ne bénéficie d'aucun droit ; la théologie, œuvre humaine qui disserte du divin, est le fondement des droits de l'homme ; il s'agit d'une conquête, avec l'aide de Dieu ; la nature n'y est pour rien ; l'acquis est social. Il est aussi le postulat qui fonde la recherche du bonheur sur terre. Un bonheur profane, terre à terre, fondé sur le travail.

Les hommes sont égaux entre eux. Voici une nouveauté. Les élites, essentiellement militaires et religieuses, s'y rallieront. Elle leur permettra de réaliser un nouveau mode de gestion de la violence qui secoue la société. Elle leur permettra de conserver tout ou partie de leurs privilèges en s'associant à de nouvelles couches sociales. De nouvelles sources de profit se font jour qui remplacent les rentes déclinantes.

Un siècle plus tard, les artisans et les marchands tiendront le haut du pavé à Bagdad, au point de terroriser le Calife et les gens hauts placés, confirmant ainsi le point de vue des hadiths.

En résumé, les hadiths présentés ci-dessus, délivrent un projet universel – il ne concerne pas les seuls Musulmans - d'égalité entre les hommes et les femmes sur le plan des transactions commerciales. La méthode suivie est de mettre à égalité avec le Prophète, personnage considérable, les personnes au statut inférieur.

X – L'égalité contestée : Al Fârâbî.

Nous l'avons dit, le siècle d'Al Jahiz est un siècle de débats et de bouillonnements culturels. Aucune doctrine n'est fixée, aucun dogme n'est établi. Au nom de la philosophie, Al Fârâbî a critiqué les hadiths prônant l'égalité entre les hommes. Les hadiths mettant en scène les repas du Prophète avec un boucher, un barbier, un portefaix, ne sont pas de son goût. Il ne l'écrira pas ; mais il fera comme si ces hadiths n'existaient pas. Ainsi,

les hadiths mettent le marché au cœur de la cité. Al Fârâbî, au centre de la cité, met le pouvoir politique, alors que les hadiths s'évertuent d'exclure ce pouvoir de la sphère marchande.
Dans son livre sur la cité vertueuse ou dans le Livre du régime politique, Al Fârâbî reprend La République, de Platon. Il s'intéresse à la révélation, chose inconnue de Platon. Il met un Prophète à la tête de la République de Platon.
Avant de développer les conséquences de la prophétie révélée sur la République, il convient de présenter rapidement la philosophie de Platon. Nous allons nous référer à un texte d'un philosophe français de renom du XXème siècle, Louis Althusser. Le voici :
« Voyez Platon : cet aristocrate nostalgique du temps où régnaient en Grèce les grands propriétaires fonciers, méprisant la démocratie athénienne, aux prises avec le surgissement des mathématiques et les arguties des sophistes, qui sont un peu les technocrates de ce temps et ses démagogues, cet aristocrate doit prendre toute la hauteur de la philosophie, de sa philosophie pour combattre « Les Amis de la terre. » Cet homme va offrir ses services à des chefs d'Etat (en Sicile.) Platon savait fort bien que la philosophie avait un rapport direct avec l'Etat. » [62]
Al Fârâbî se situe dans cette logique. Il commence par faire montre d'idéalisme. Ainsi commence le livre du Régime politique :
« Les principes par lesquels subsistent les corps et les accidents qui sont les leurs sont de six sortes...La cause première est au premier rang, les causes secondes au deuxième rang, l'intellect agent au troisième rang, L'Âme au quatrième rang, la forme au cinquième rang et la matière au sixième rang... »[63]
Placée au dernier rang, la matière est la principale préoccupation des humains, leur priorité. Il s'agit d'extraire de la nature les produits nécessaires à la nourriture, aux vêtements, à la construction de l'habitat, à la survie du monde vivant. Les hadiths étudiés s'attellent à cette tâche. Al Fârâbî aussi, mais il

---

[62] Louis Althusser, *Initiation à la philosophie pour les non-philosophes*, PUF (collection Perspectives critiques), 2014, p 333 - 371

[63] Al Fârâbî, Le livre du régime politique, Les Belles Lettres, Paris, 2012, p2-3

n'y voit pas matière à rendre les hommes égaux entre eux. Il écrit :
« Les hommes, par nature, se hiérarchisent selon les rangs d'excellence respective des genres d'art et de sciences auxquels ils sont respectivement prédisposés. »[64]
Le mot d'ordre d'Al Fârâbî est : politique d'abord ; car la cité est une société hiérarchisée, soumise à un roi et aux énigmes célestes :
« Celui qui gouverne la cité, c'est-à-dire le Roi, a précisément pour fonction de gouverner les cités de façon telle que cela produise la cohésion des parties de la cité, leur composition harmonieuse et leur hiérarchisation selon un ordre tel que ces parties coopèrent dans l'éradication des maux et l'obtention des biens ; le Roi a aussi pour fonction d'examiner tout ce que dispensent les corps célestes… »[65]
Nous avons donc affaire à un régime autoritaire ou paternaliste soumis au ciel. Pour les hadiths cités, au contraire, les rapports marchands mettent en présence des hommes riches et des hommes pauvres et il s'agit de déterminer leurs rapports. L'inégalité étant la règle, il s'agit de la modifier, si possible.
Dans la Cité vertueuse, Al – Fârâbî apporte une innovation ; à la tête de la République de Platon et il place un Prophète. Celui-ci est inspiré par la Révélation. Elle lui révèle des Lois (Al Fârâbî cite souvent Les lois, de Platon) et il les promulgue. Il peut à son gré modifier les lois par des révélations successives afin de trouver les lois les meilleures pour son peuple. A la mort du Prophète, les lois existent et personne ne peut les changer. Cependant, la vie continue et la nécessité de nouvelles lois s'impose.
Pour Al Fârâbî, l'idéal serait que « le successeur (du Prophète) sera celui qui décidera des questions laissées en suspens par son prédécesseur, mais non pas seulement. Il peut changer une grande part de ce que son prédécesseur a édicté, et prendre une décision différente s'il la sait meilleure pour sa propre époque ; et cela non pas parce que son prédécesseur avait commis une erreur mais parce qu'il en avait décidé ainsi en fonction de ce

---

[64] Al Fârâbî op cit p 149
[65] Al Fârâbî op cit p 172

qui était meilleur pour son temps, et le successeur décide également de ce qui est meilleur pour un temps futur.[66]

Al Fârâbî sait que cette direction est impossible à prendre. Il se rabat sur la démocratie et la philosophie, expression de la sagesse. D'où son idée d'un groupe de personnes désignées par la population de la cité, capables, entre autres, de trouver de nouveaux usages aux anciennes lois. La philosophie reprend ses droits. En l'absence de la prophétie, on ne peut se dispenser de la sagesse pour gouverner.

Sa philosophie ne tentait ni les pouvoirs religieux ni les pouvoirs politiques. Aussi s'est-il tenu loin de Bagdad, capitale politique de l'empire. Il n'a pas servi le pouvoir.

Mais le pouvoir se servira de lui.

---

[66] Al Fârâbî, La cité vertueuse, Albin Michel, Paris, 2000, p 189

Chapitre 3

La doctrine des libertés individuelles.

Les hadiths qui traitent de la liberté obéissent à des motivations complexes ; elles se présentent en un faisceau serré de recommandations, d'indications, non pas opposées, mais indépendantes les unes des autres.

La promotion des artisans et des petits producteurs, nous l'avons vu, a été réalisée par leur affranchissement et par l'ennoblissement de leur travail. Ces hommes devenaient respectables. La respectabilité est synonyme de liberté. Le mot liberté n'est jamais prononcé. Les hadiths qui vont suivre vont donner un contenu concret à cette liberté.

Il est vrai qu'elles s'appuient sur des réalisations solides et nouvelles. L'affranchissement de milliers de personnes du pouvoir de Byzance était révolutionnaire ; il a apporté une modification profonde dans le régime de la propriété. On peut concevoir l'éblouissement des paysans opprimés ; ils deviennent propriétaires de leurs terres ; les artisans deviennent propriétaires de leurs outils de production. Plusieurs siècles de servage et d'oppression ont pris fin. Le droit naturel d'être opprimé est annulé. Les oppresseurs, qui étaient sacrés, ont cessé de l'être. L'opprimé n'avait qu'un droit, celui de travailler, sans être propriétaire des fruits de son travail ; ils ne lui appartenaient pas. Il ne pouvait former aucun dessein pour ses enfants, qui étaient opprimés de naissance. On comprend aisément qu'il ne pouvait être solidaire de cette société pour laquelle il s'échine. On comprend la faible résistance à l'envahisseur musulman, parfois accueilli à bras ouverts.

Les pieux transmetteurs se sont s'exprimés, clairement, sur les libertés privées ; ils ont aussi évoqué, sans en avoir l'air, les libertés publiques ; encore une fois, l'expression n'a pas été retenue ; le concept de liberté publique est dangereux ; jusqu'ici, aucun hadith n'a été délivré qui traiterait du pouvoir ; trop dangereux ; le pouvoir est susceptible et sa poigne de fer

s'est abattue souvent sur les opposants. Il s'agit de dire sans s'opposer. Ces hadiths se propagent parfois sous le manteau.
Les hadiths ont fait de la propriété le socle de la liberté. Propriété et liberté vont de pair et ne sauraient être dissociés. Les pieux transmetteurs ne donnent pas d'explication à ce principe.
Donc, pas de liberté sans propriété. Le droit de propriété est plus souvent violé que respecté. Et ceci depuis la plus haute Antiquité jusqu'à l'état présent de l'empire byzantin.

I – Sous l'éclairage de l'histoire.

Par le passé, les autorités de plusieurs pays ont tenté de protéger la propriété. On peut, à titre d'exemple, se référer à Philippe II de Macédoine, père d'Alexandre le Grand. Lorsqu'il regroupa les cités grecques en une Ligue, il fit établir un catalogue des actes délictueux, à ne pas commettre. Parmi ces actes, on trouvait la redistribution des terres et l'abolition des dettes.
Dans les deux cas, en effet, il y avait spoliation. Le propriétaire foncier était spolié ; le créancier, aussi. Le code punissait les deux atteintes à la propriété.
Platon estimait, lui aussi, que la redistribution des terres et l'abolition des dettes caractérisaient le tyran et le démagogue.
Plus tôt, en Crète, tous les citoyens prononçaient le serment suivant, conservé sur un pilier de marbre du début du IIIème siècle avant notre ère :
« Je ne promouvrai pas une redistribution des terres ou des maisons ou des parcelles à bâtir, ni une abolition des dettes. »
Selon une loi de Delphes plus ancienne, le simple fait de proposer l'une des deux mesures à l'Assemblée était un crime puni de malédiction. [67]
Ces interdictions et ces serments étaient totalement oubliés dans l'empire byzantin, à la veille de l'expansion de l'Islam. Les hadiths vont les remettre en honneur.

---

[67] Moses I. Finley, Economie et société en Grèce antique, Editions La Découverte, Paris, 1984, p 120

II – Le hadith fondateur.

Le hadith que nous allons citer ci-dessous comprend deux segments totalement indépendants l'un de l'autre. Mais le second segment est une des conséquences, parmi mille autres, du premier segment. Nous allons les considérer tour à tour.

a) Le premier segment.

Le voici :
« Abû Hûrayra rapporta avoir entendu le Messager dire : jurer par Allah permet de bien vendre sa marchandise, mais anéantit la bénédiction divine. » [68]
Cette proposition ramassée en une ligne et demie me paraît avoir un objectif de longue portée. Fonder les transactions sur la religion, représentée ou traduite par le serment religieux enlève à ces transactions leur caractère normal, sain. Il conforte le prix avancé par le vendeur. Il peut influencer l'acheteur comme moyen de preuve. Bien vendre sa marchandise peut s'apparenter à une tromperie étayée par l'appel à la religion. Cette tromperie ponctuelle a des conséquences pérennes : la bénédiction divine étant refusé à ce commerce, il ne peut réussir. Pour réussir dans son commerce, il est fortement conseillé de ne pas invoquer Dieu à l'occasion d'une transaction marchande.
L'injonction religieuse tranche un débat : il y a franche coupure entre la religion et le commerce. Ils ne relèvent pas du même ordre. Invoquer Dieu pour bien vendre sa marchandise est un acte contreproductif. Il va à l'encontre du but poursuivi par un producteur qui est de prospérer dans la durée. Il y a incompatibilité entre l'invocation de Dieu pour une vente concrète et ponctuelle et la bénédiction divine qui est permanente et abstraite.
Le commerce est un acte séculier, profane, sur lequel la religion n'a rien à dire dans son déroulement quotidien.
Nous vivons un moment important de l'avenir de l'économie politique dont le nom n'est pas prononcé : la religion assure la

[68] Abrégé du Sahih Al-Boukhari, Daroussalam, Ryadh, 1420 h - 1999, p505

sortie du commerce de la sphère religieuse. La religion fixe les règles générales du commerce, mais se retire de ce domaine, le laissant à la libre appréciation des hommes. Le but atteint, la religion se retire.
Pour la première fois dans l'histoire de l'humanité méditerranéenne, une religion annonce sa sortie du monde des transactions, non pour le détruire, mais, au contraire, pour le conforter et lui permettre de poursuivre sa route par ses propres moyens. Ainsi se crée l'autonomie de l'économique par rapport au religieux.
Cette autonomie explique le fort développement qu'ont connu les sciences naturelles, les sciences humaines et les sciences exactes. Un chemin leur a été ouvert hors de la religion au nom de la religion.
Ainsi, après avoir banni le politique de la sphère des transactions, la religion se retire d'elle-même du même domaine.
Nous allons examiner les moyens qui ont permis aux hadiths d'atteindre ce but.

b) Le deuxième segment.

Le deuxième segment du hadith est très loin des préoccupations du premier segment. Il se réfère au droit de propriété et lui donne une définition d'une grande rigidité.
Le voici :
C'est le Prophète qui s'exprime : « J'espère rencontrer Allah Le Très Haut sans que l'on me demande de rendre compte d'une injustice concernant le sang ou les biens. »
Léser un être humain dans ses biens s'apparente à un meurtre. C'est une injonction directe du Prophète. On ne le lui fait pas dire, comme dans d'autres hadiths ; il le dit directement en se mettant en scène. Aucune sanction n'est prévue contre ce meurtre dans le monde d'ici-bas. Nous sommes dans le domaine doctrinal. Cependant, pour le croyant, la sanction de l'au-delà est plus terrible que celle imposée par les vivants. Les hadiths s'adressent à des hommes pieux, qui craignent Dieu. Tu ne tueras point, tu ne porteras pas atteinte aux biens d'autrui. Ces deux injonctions fondent le clan, la tribu, la cité.

III – Le libre usage des biens.

Les hadiths vont organiser le libre usage que feront, de leurs biens, les hommes libres.

a) La fixation des prix.

Une idée tenace hantait les pays en ces temps lointains. Le bonheur des hommes et la paix civile exigeaient que les autorités politiques fixent les prix de vente des produits.
Nous avons un précédent illustre. Dioclétien fut empereur de Rome de 284 à 305.
Il a tenté de fixer les maximas pour les prix et les salaires.
Il tenta de juguler la hausse des prix par décret. L'édit de 301 sur les prix et les salaires maximum couvre tout : des perdrix aux mouchoirs de poche et le châtiment de l'infraction est la peine de mort pour l'acheteur comme pour le vendeur. L'édit échoua à fixer les prix. [69]
Par ailleurs, nous avons vu, qu'à l'approche de l'an 610, les artisans et commerçants de l'empire byzantin étaient soumis à des règles administratives strictes ; les prix sont fixés arbitrairement ; de plus, obligatoirement affiliés à des corporations, les artisans et commerçants sont assujettis à de nombreuses corvées gratuites qui les appauvrissent.

b) Un hadith de rupture.

Un hadith se place en rupture totale avec ces pratiques. Le voici :
« On rapporte d'Anas Ibn Malik qui disait : au temps du Prophète, il y avait eu une hausse de prix à Médine. Alors les gens dirent : Ô messager d'Allah ! Les prix sont en hausse : alors fixe-nous des prix. Alors le Prophète leur dit : C'est Allah qui fixe les prix, qui retient et donne la subsistance.

---

[69] Moses I. Finley, Economie et société en Grèce antique, Editions La Découverte, Paris, 1984, p 149-153

J'espère rencontrer Allah Le Très Haut sans que l'on me demande de rendre compte d'une injustice concernant le sang ou les biens. » [70]

Ce hadith comprend également deux segments qui se complètent tout en ayant des objectifs différents.

Premier segment. Nous le reprenons :

« On rapporte d'Anas Ibn Malik qui disait : au temps du Prophète, il y avait eu une hausse de prix à Médine. Alors les gens dirent : Ô messager d'Allah ! Les prix sont en hausse : fixe-nous des prix. Le Prophète leur dit : C'est Allah qui fixe les prix, qui retient et donne la subsistance. »

Le principe énoncé est révolutionnaire : on ne taxe pas les prix. Liberté est laissée aux agents de fixer les prix par consentement mutuel. Cette liberté est possible car ces agents sont égaux entre eux. La liberté se fonde sur l'égalité.

En ce 3ème siècle hégirien, les hadiths ont procédé à la libéralisation des prix et l'ont sacralisée en la mettant sous protection divine. Ceci souligne l'importance qui était accordée à cette libéralisation.

Nous sommes toujours sur le plan doctrinal, sans moyens d'action sur la réalité.

De nos jours, on peut estimer que la prospérité qui régnait dans le monde de l'Islam en ces temps reculés relevait de la compréhension de ces hadiths.

Deuxième segment du hadith :

Nous le reprenons. Le voici :

J'espère rencontrer Allah Le Très Haut sans que l'on me demande de rendre compte d'une injustice concernant le sang ou les biens. » [71]

Nous avons déjà rencontré ce segment plus haut. L'homme exerce librement son droit de propriété par un premier moyen : la liberté des prix. L'homme est seul juge des prix qui lui conviennent. On ne peut pas le déposséder ; mais on ne peut pas non plus le contraindre à vendre à un prix qui ne lui convient pas, ce qui est une autre façon de l'exproprier.

---

[70] Boulough Al-Maram, p 294

[71] Boulough Al-Maram, op cit p 294

Les hadiths ne craignent pas la répétition quand un principe important est en jeu. Et le droit de propriété est important, au regard des hadiths. Ainsi, la propriété est protégée et sa valeur également.

c) Le processus de la fixation des prix.

La structure hiérarchique rigide de la société déterminait la distribution des biens et services en fonction de la loi, de la coutume et de la peur des châtiments corporels – et non en fonction des prix.
Si la fixation arbitraire ne convient pas, comment doit-on fixer les prix ? Un prix voulu par le vendeur et accepté par l'acheteur ? Les hadiths répondent : par la concurrence. Certes, le mot n'est pas prononcé ; mais ses principes sont énoncés. Ce sont des approches pragmatiques d'un problème, par nature, difficile à résoudre.
Première approche : les prix doivent être fixés par l'information des vendeurs et des acheteurs. Un hadith fixe les premiers éléments de cette information. Les voici, car ils sont au nombre de trois, répétant la même chose :
Hadith n° 2163 : « Le Prophète interdit d'aller à la rencontre des caravanes de commerce. »
Hadith n° 2164 : « Le Messager de Dieu a dit : n'allez pas à la rencontre des marchandises avant qu'elles n'arrivent au marché. »[72]
Hadith n° 2166 : « Nous avions l'habitude d'aller à la rencontre des caravanes et de leur acheter des denrées. Mais le Prophète nous interdit de les revendre avant qu'elles ne parviennent au marché des denrées. »[73]
Trois hadiths qui répètent la même règle : les marchandises doivent être vendues un fois arrivées sur la place du marché. L'interdiction d'aller au-devant d'une caravane a une logique : en dehors de la place du marché, le vendeur manque d'informations pour fixer son prix. Il ne connaît pas les intentions de ses futurs acheteurs, ni leur nombre ; il ne connaît

[72] Bûkhari, op cit p 164
[73] Bûkhari, op cit p 166

pas leurs besoins ; son information étant incomplète, son prix ne peut en être que faussé.
En outre, la vente hors marché, peut léser les consommateurs ; ils peuvent payer plus cher une marchandise qu'ils vont acquérir à un intermédiaire lequel augmentera le prix par sa rémunération.
La liberté des prix doit profiter aussi au consommateur. C'est un grand principe. Voici pour le premier et le second hadith.
Le troisième hadith rappelle qu'avant le Prophète, l'usage était d'aller au-devant des caravanes ; c'était spéculer au détriment du marchand et du consommateur. Cette pratique était connue et son usage répandu. Elle a été interdite, car elle lèse le producteur et le consommateur. Le prix d'une denrée ou d'un produit s'établira sur le marché et par le marché. Tout autre procédé de fixation comporte un élément de lésion, ce qui est une atteinte à la morale.
Deuxième approche pragmatique : elle tente de répondre à cette question : une fois la marchandise sur le marché, comment fixera-t-on le prix ?
A ce sujet, nous avons une appréciation de l'imam Malik :
Malik a dit : « Il n'y a pas de mal à exposer la marchandise à vendre à la concurrence (lui parle de marchandage), de façon à laisser à de nombreux clients la liberté de conclure la vente. »
On mesure la prudence du propos. Malik n'a pas de dits du Prophète à citer. Il est trop honnête homme pour en fabriquer. Il s'aventure hors du domaine du religieux pour livrer une solution que la religion ne désapprouverait pas. Il préconise une mise en surenchère entre divers vendeurs et divers acheteurs. Il y aura nécessairement un prix qui satisfera les uns et les autres.
Il explique plus loin sa pensée : « Si les hommes abandonnent le marchandage au moment où le premier homme vient de marchander pour l'objet à vendre, ce dernier sera vendu à un prix presque futile, et le dégât se présentera subitement aux vendeurs en leurs marchandises. »
La traduction n'est pas très heureuse, car elle est littérale. Malik signifie par-là que les ventes de gré à gré ou les échanges bilatéraux ne sauraient constituer un prix de marché. Il ajoute que l'extension de ces ventes de gré à gré finit par porter préjudice à l'ensemble des producteurs et des consommateurs.

Elle contracte le commerce général et provoque l'appauvrissement général. C'est un principe d'une grande portée. Il place le marché au cœur de l'enrichissement d'un pays.
Malik met en œuvre une innovation sociale pour asseoir la solution préconisée. Il dit :
« C'est ce qui est toujours suivi chez nous à Médine (en la matière d'inciter de nombreux gens à marchander chaque objet à vendre.) »
Il invente le consensus de Médine ; ce qui se pratique à Médine, la ville du Prophète peut être considéré comme étant utile à l'ensemble de la communauté. [74]
Nous avons ainsi un ensemble d'incitations pieuses pour permettre à une société d'atteindre un certain degré d'enrichissement.
L'imam Malik explique ce que concurrence veut dire : si la vente est faite au profit du premier venu, il y a risque de lésion pour le marchand ; il faut donc encourager les consommateurs à venir nombreux autour de la marchandise à vendre. La concurrence est la règle qui permet de fixer le prix. Et l'Imam donne sa source : c'est l'usage des gens de Médine, un siècle après le décès du Prophète. Malik parle de son temps.

IV – Contre les ententes illicites.

Les pieux transmetteurs se penchent sur ce qui fait obstacle à la libre fixation des prix. La nature humaine étant ce qu'elle est, la cupidité et l'appât du gain incitent certains à s'affranchir des règles de la libre concurrence. Les pieux transmetteurs ont tenté d'interdire certaines pratiques qui faussent la libre concurrence.

a) La rétention.

On rapporte d'Anas et de Mamar Ibn 'Abdillah que le Prophète avait dit :
« Seul un fautif fait de la rétention de marchandise. » [75] (Hadith rapporté par Mouslim)

---

[74] Imam Malik Ibn Anas, Al Muwatta', op cit p 734

La rétention crée une pénurie artificielle d'un produit et provoque la hausse du prix. C'est la quête du profit par des moyens déloyaux. Le consommateur est lésé. Ce comportement du producteur est condamné par la religion.

b) L'accaparement.

« J'ai entendu Ibn 'Umar dire : le Prophète dit : celui qui achète une nourriture ne doit la vendre qu'après avoir reçu livraison. » [76]

Selon Malik, un hadith dispose que « Il est interdit de pratiquer un monopole dans notre marché. Il ne faut pas que des hommes, ayant sous leurs mains des surplus de quantités de nourritures, cherchent à monopoliser, par leur or, dans notre marché, des rations qu'Allah nous avait accordées. » [77]
Le commentaire de l'Imam Malik est très explicite. La religion condamne la constitution de pénuries artificielles dont le but est de faire un grand profit. L'accaparement, par des capitaux importants, est à l'origine des monopoles. Ceux-ci fonctionnent au détriment des consommateurs. La religion dispose que les échanges ne doivent léser ni le producteur ni le consommateur ; d'où les interdits de tout ce qui peut entraver le bon fonctionnement du marché.

c) La surenchère de complaisance.

Il s'agit, dans ce cas, de demander à un complice de surenchérir sur un prix sans intention d'acheter ; le but recherché est d'améliorer le prix de vente en trompant l'acheteur éventuel. Cet artifice est appelé compérage.
Les hadiths qui suivent sont explicites :
« Celui qui use de compérage dans une vente est considéré comme un mangeur d'usure, un trompeur. »
L'usurier ruine l'endetté et le dépouille de son bien donné en gage. Le compère en malhonnêteté est mis au rang dégradant de

---

[75] Al Hafidh Ibn Hajar Al-Asqalani, Boulough al-maram, Daroussalam, n° 680, p 295
[76] S Bû T3, p 150
[77] Imam Malik Ben Anas, Al Muwatta', t 2, p 343

l'usurier. Nous sommes sur le plan doctrinal : l'Enfer est la destination du compère comme celle de l'usurier.
Le Prophète dit : « la tromperie est dans le Feu, celui qui fait un acte qui ne suit pas notre religion, cela est réprouvé. »
« D'après Nafi', Ibn 'Umar dit : Le Prophète interdit le compérage lors des ventes. »[78]
On rapporte d'Ibn 'Umar qui disait : le Prophète avait interdit la vente avec Najach. Le Najach est le fait d'offrir un prix supérieur sur un produit, sans l'intention d'achat, juste pour attirer et tromper un autre acheteur. » [79]
Ainsi, la religion interdit les hausses de prix provenant de surenchères fictives dont le but est de tromper le consommateur et d'augmenter le profit du producteur.
Ces interdictions religieuses ont pour but de moraliser le fonctionnement du marché pour accroître son efficacité.

En résumé, les hadiths essaient d'établir un équilibre entre producteurs et consommateurs : les vendeurs ne sont plus soumis à l'arbitraire des acheteurs, comme dans l'empire byzantin. En contrepartie, ils n'ont pas le droit (moral) d'user de subterfuges ; ils ne doivent pas stocker pour créer artificiellement des pénuries lorsque celles-ci causent des hausses des prix. Ils ne doivent pas davantage procéder à des ententes dans le même but d'augmenter les prix sans raison.
De la sorte, une certaine égalité est promue entre les producteurs et les consommateurs.

V – La vente à crédit et la liberté du marchand.

Les hadiths entendent sécuriser intégralement les transactions réalisées par le marchand. Le hadith que voici met la barre très haut :
« On rapporte de Aïcha qui disait : Ô Messager d'Allah ! un tel avait des tissus provenant de Châm. Si tu lui envoies quelqu'un, tu pourras prendre deux habits à crédit jusqu'à ce que tu

[78] Bûkhari, Sahih, op cit, T 3, p 154
[79] Boulough op cit, p 291

retrouves la prospérité. Il envoya quelqu'un à l'homme qui refusa. »[80]

C'est que le Prophète était sans doute trop pauvre pour toujours honorer ses dettes à leur échéance. Ainsi le veut ce hadith :

« Abu Huraiya : un homme vint demander son dû au Prophète. Mais il se comporta avec dureté ; les compagnons firent le geste de le corriger. Mais le Messager de Dieu leur dit : Laissez-le ! Celui qui a un droit peut parler. Donnez-lui une chamelle du même âge que la sienne. Ô Messager de Dieu, lui répondit-on, nous n'avons que des chamelles meilleures que les siennes. – Donnez répondit le Messager de Dieu ; le meilleur d'entre vous est celui qui s'acquitte le mieux de ses dettes. »[81]

Ces deux hadiths sont importants. Il est clair que Mahomet est un personnage considérable ; il le fut de son vivant. Le marchand lui refuse le crédit. Peu importe les raisons de son refus. Le Prophète ne peut passer outre ce refus. Le hadith garantit au marchand l'autonomie de sa décision. Le Prophète n'a aucun pouvoir de coercition contre le marchand. Il ne peut pas l'obliger à prêter. C'est un principe fondamental de la liberté. Le pouvoir religieux ou politique est sans recours devant la décision du marchand de vendre ou pas, à crédit. Il peut refuser le prêt s'il estime que le risque à prendre est important et que l'emprunteur n'a pas les moyens de rembourser. Il use de sa liberté comme il l'entend. Cette liberté se fonde sur le principe d'égalité. Une égalité parfaire règne entre les protagonistes des transactions même si l'un d'entre eux est le Prophète en personne.

Le second hadith reconnaît le droit du créancier de parler haut et fort quand sa créance n'est pas honorée. Le Messager n'a pas le droit de retarder le règlement de ses dettes à leur échéance. Ces considérations religieuses ont des répercussions politiques implicites considérables. Il est facile de comprendre que ces obligations fixées par le Prophète s'imposent à ceux qui lui ont succédé et se réclament de son héritage.

---

[80] Boulough, op cit p 311

[81] Sahih Bûkhari, T 3, op. cit., Hadith n° 2306, p 258

Ces hadiths sont confortés par le hadith suivant qui limite lui aussi les pouvoirs du Prophète et donne à cette limitation une valeur universelle :
Hadith n° 2396 : « Jabir rapporte que son père mourut endetté envers un Juif de trente wisq de dattes. Jabir demanda un délai pour le paiement mais le Juif refusa. Alors il parla au Messager de Dieu pour qu'il intercède pour lui auprès du Juif. En effet, le Messager de Dieu alla voir ce dernier et lui demanda d'accepter le délai. De nouveau, le Juif refusa. Sur ce, le Messager de Dieu entra dans la palmeraie de Jabir et se mit à marcher. Aussitôt, Jabir fit la cueillette, donna au Juif ses trente wisq et lui en resta dix-sept. » [82]
Ainsi le respect du contrat s'impose au Prophète. Il ne s'agit pas d'une mesure proprement musulmane, réservée aux seuls musulmans. Le Prophète doit s'incliner devant la volonté du Juif de ne pas modifier les termes du contrat qui le liait à l'homme décédé. Le Prophète ne peut que rembourser le Juif. Il ne peut pas entraver la volonté du Juif créancier. Par contre, un miracle se produit et, sur les pas du Prophète, les dattes poussent en abondance dans le verger de l'endetté ; il rembourse ses dettes et le contrat est respecté.
Fait important : Les propos énoncés par les hadiths ont valeur universelle. Les hadiths s'adressent au monde marchand en son entier. En matière de transactions, le Juif a autant de droits que le Musulman. Il n'existe pas de privilèges en faveur de ce dernier.

VI – La liberté de circuler.

Hadith n° 2063. « Le Messager de Dieu a parlé d'un homme des Bani Isra'il qui a gagné sa vie dans le commerce maritime. »[83]
Les dits du Prophète ne se limitent pas aux Musulmans. La recherche de la prospérité concerne tous les êtres humains. Incidemment, la parole du Prophète incite au respect des Juifs puisqu'ils sont donnés en exemple. La religion importe peu quand il s'agit de transactions marchandes.

---

[82] Boulough, op cit p 320
[83] Bûkhari, op cit p 110)

VII – Le profit.

Le profit est la sanction matérielle et morale des transactions marchandes quand elles sont conduites selon les règles édictées ci-dessus. A ce titre le profit a un profil de sainteté. Ainsi le veut ce hadith du Prophète :
« On rapporte de Ourwa Al-bariqi que le Prophète lui avait donné un dinar pour acheter une brebis. Il a acheté deux brebis pour un dinar ; il a ensuite vendu une brebis ; il a rapporté au Prophète une brebis et un dinar. Le Prophète pria pour qu'il conserve son sens du commerce, ajoutant qu'il ferait des bénéfices même s'il achetait du sable. » [84]
Ce profit est très élevé. La façon de mener les transactions n'est pas précisée. Ce profit est dit légitime au regard de la pratique musulmane.
Un autre hadith vient tempérer le caractère général du profit :
Hadith avec un seul transmetteur : « Il n'y a aucun mal à vendre à onze ce qui a été acheté à dix et de prélever une somme pour les dépenses. » [85]
Ce hadith fixe la marge bénéficiaire qui fait face aux frais généraux. La marge, ici, modeste, permet au vendeur d'assurer ses dépenses. Le profit n'est pas un luxe, mais un besoin. Il est sanctifié mais le débat reste ouvert quant au montant de ce profit.

VIII – La sécularisation du projet divin.

Les chapitres précédents sur l'égalité et les libertés individuelles posent la question de la définition de la théologie musulmane.
Une première définition de la théologie réside dans la connaissance de Dieu ; elle trouve son expression dans le remerciement, dans la louange et dans l'adoration. Cette définition conduira au soufisme.
Les hadiths sur les transactions marchandes orientent la théologie vers des considérations de gestion pratique ;

---

[84] Boulough, op cit p 297
[85] Bûkhari, op cit p 186

d'emblée, la théologie est en quelque sorte gestionnaire par pragmatisme ; dans le même temps, elle fonde l'économie sur des valeurs universelles, l'égalité et la liberté. – Encore une fois, le mot d'économie n'est pas employé. Historiquement, cette définition de la théologie est la première à paraître. Elle ignore – et même, elle répudie – toute connivence politique et étatique. Cette théologie n'a pas de réponse sur la qualification du pouvoir politique ; celui-ci est-il d'ordre divin ou humain ?
La théologie économico-gestionnaire apporte sa réponse à une question récurrente depuis l'antiquité : comment être heureux sur la terre. Sa réponse est que le marché est créateur de richesses pour tous. Encore faut-il que les intervenants soient des hommes libres de leurs décisions et égaux entre eux.
En résumé, les hadiths essaient d'établir un équilibre entre producteurs et consommateurs libres et égaux : les vendeurs ne sont plus soumis à l'arbitraire des acheteurs, comme dans l'empire byzantin. En contrepartie, ils n'ont pas le droit (moral) d'user de subterfuges ; ils ne doivent pas stocker pour créer artificiellement des pénuries lorsque celles-ci causent des hausses des prix. Ils ne doivent pas davantage procéder à des ententes dans le but d'augmenter les prix sans raison.
De la sorte, une certaine égalité est promue entre les producteurs et les consommateurs.

Chapitre 4

La doctrine des métiers interdits.

Quatre métiers sont interdits aux Musulmans. Ils peuvent être exercés en toute liberté par ceux qui ne sont pas musulmans. Ces métiers concernent les activités qui ont trait au porc et au vin. Sont interdits également les métiers de peintre – dessinateur et d'usurier. Ce dernier, l'usurier, sera traité dans un chapitre particulier.

I – L'interdiction du commerce du porc.

Cet interdit est ainsi énoncé par un hadith :
« Le Prophète défendit la vente du porc. »[86]
On sait, par le Coran, que la consommation de la viande de porc est interdite aux Musulmans. Dorénavant, cette interdiction s'étend aussi à la vente de la viande de porc. Le hadith laisse dans l'ombre nombre de questions : un Musulman peut-il travailler pour un éleveur non musulman de porcs ? Un transporteur musulman peut-il transporter la viande de porc pour compte de non musulmans ?
Un hadith vient apporter des précisions au sujet des sous-produits de la viande, aliment interdit :
« On rapporte de Jabir Ibn Abdallah qu'il avait entendu le Prophète dire, l'année de la conquête de La Mecque, alors qu'il s'y trouvait : « En vérité, Allah et son Messager ont interdit le commerce du vin, de la bête morte, du porc et des idoles. » Alors on lui dit : « Ô messager d'Allah ! Que dites-vous de la graisse de la bête morte ? On en enduit les bateaux, on en teint les peaux et on l'utilise dans les lampes comme moyen d'éclairage. » Alors, il répondit : « non, c'est interdit » »[87]
Pourtant, ce hadith est quelque peu contredit par le suivant :

---

[86] Bûkhari op cit p 194
[87] Boulough, op cit p 182

Hadith n° 2221 : « Abdallah ben Abbas rapporte que, de passage auprès d'une brebis crevée, le Messager de Dieu dit : « Ne voulez-vous pas tirer profit de sa peau ? – Mais elle est crevée, s'exclama-t-on. – On n'interdit que le fait de la manger. » [88]

Ce hadith rétablit, pour les Musulmans, la possibilité de travailler les peaux des animaux dont la viande est illicite et d'en faire commerce.

Comment comprendre tout cela ? Les recenseurs des hadiths ne se préoccupaient pas de leur cohérence ; ils éliminaient tous ceux qui se trouvaient en opposition avec le Coran ; mais laissaient subsister les hadiths bénéficiant d'une chaîne de garants crédibles. La règle générale islamique permet la diversité des lectures des textes religieux.

Bûkhari écrivait au temps de Jahiz. Ce dernier expose les raisons pour lesquelles le Coran interdit la consommation du porc. Le Coran ne donne pas ses raisons. Jahiz fournit une hypothèse : l'interdiction porte sur la consommation d'animaux qu'on peut apparenter au genre humain. L'interdiction porterait sur le cannibalisme. Jahiz rappelle la légende des temps anciens, quand les Arabes ne consommaient pas la chair du singe. Depuis, « Les grandes tribus et leurs rois qui s'étaient convertis au christianisme consommaient du porc. C'est la raison pour laquelle le Coran a révélé l'interdit alimentaire de ce dernier animal. »

Jahiz évoque un autre argument : « la greffe d'os de porc sur l'être humain. Dans certaines maladies, expose-t-il, lorsqu'on a besoin d'un os manquant à un être humain pour effectuer une greffe, seul l'os de porc convient. »

Cette observation conforte l'idée de l'interdiction pour cause de cannibalisme. Il n'empêche, ajoute-t-il, « le porc est coprophage mais sa chair est délicieuse. Il est de notoriété publique que la chair du porc ou du sanglier est très appréciée ; les gens la consomment tout en n'ignorant pas que c'est celle d'un animal coprophage. Pour les rois sassanides et les empereurs byzantins, c'était un met de choix et leur préférence allait vers lui. N'était

---

[88] Bûkhary, t3, p 194

la dévotion, sa consommation suivrait la même voie chez nous que chez les autres. »
Sans doute, Jahiz intervenait-il dans un débat qui avait lieu. Les partisans de la consommation de la chair du porc rejettent la comparaison du porc avec le singe. La viande du singe est repoussante, il est normal de ne pas la manger. Ce n'est pas le cas de la chair de porc, viande préférée des grands de ce monde et appréciée aussi des petites gens. Jahiz ne tranche pas. [89]
L'hypothèse la plus probable de l'interdiction du porc est que celui-ci est un produit de luxe, inaccessible aux pauvres.

II – La seconde interdiction concerne les métiers du vin.

Selon la lecture que l'on fait du Coran, boire du vin est fortement déconseillé ou formellement interdit. Les hadiths étendent cette interdiction à la vente :
« Le Prophète interdit la vente de boissons enivrantes. » [90]
Cette concision extrême est complétée par d'autres hadiths :
Hadith n° 2226 : « Aïcha dit : après la révélation des derniers versets de la Baqara, le Prophète sortit et dit : Le commerce des boissons enivrantes vient d'être interdit. » [91] Jusqu'alors, il était licite.
Cette interdiction ne va pas jusqu'à la culture du raisin ; mais la production du raisin qui, en toute connaissance de cause, est réservée à la vinification, est prohibée :
Hadith n° 684 : « Le Prophète avait dit : « Quiconque garde les raisins pendant les jours de vendange jusqu'à les vendre à ceux qui les transforment en vin, celui-là s'est engagé dans l'Enfer en toute connaissance. » [92]
Un hadith vient énoncer une autre interdiction du vin :
1074 : On rapporte de Wa'il al- Hadrami que Tarik ibn Souwayd avait interrogé le Prophète sur le vin fabriqué pour la médecine. Alors, il dit : en vérité, ce n'est pas un médicament, mais une maladie. » [93]

---

[89] Jahiz, op cit, page 331 – 334
[90] Sahih Bûkhari, t 3, p 296
[91] Sahih Bûkhari, p 198
[92] Boulough, op cit p 296
[93] Boulough, op cit p 464

Ainsi, les hadiths complètent l'interdiction du Coran qui ne concernait, au départ, que la consommation de vin.
Mais tout n'est pas aussi simple dans une religion et voici un hadith qui met un bémol à l'interdiction générale énoncée :
Hadfith 1072 : « On rapporte d'ibn Abbas qui disait : on pressait du raisin sec pour la boisson du Prophète. Il en buvait le premier jour, le lendemain et le surlendemain. Il en buvait le soir du troisième jour, mais s'il en restait, il le déversait. » [94]
Ces métiers, interdits aux musulmans, restent ouverts à ceux qui ne sont pas musulmans. Les marchés ne sont pas concernés par les interdictions relevant de l'Islam. Le commerce du vin n'y est pas interdit. La production non plus.
Jahiz fait état d'une « Une enquête à propos des effets du vin sur la longévité. »
Comparaison a été faite entre un groupe de vingt jeunes gens qui buvaient régulièrement du vin et un autre groupe de vingt jeunes gens qui ne buvaient que de l'eau.
On constata « qu'au bout d'un certain temps les buveurs de vin, dans leur grande majorité, étaient encore en vie, contrairement aux autres, les continents, dont la plupart, étaient décédés après un âge avancé, il est vrai » [95]
Jahiz rapporte cette anecdote au conditionnel et doute de sa réalité. Les interdits alimentaires faisaient l'objet de débats et n'étaient sans doute pas acceptés sans examen. Sur le vin, les interdits des hadiths allaient au-delà des prescriptions du Coran. Un verset du Coran fait du vin et des jeux de hasards deux passions malsaines. Elles ruinent ceux qui s'y adonnent. En outre, les débits de boisson étaient aussi des offices pour les emprunts usuraires. Une autre façon de se ruiner. Plus que le vin, c'est l'ivrognerie qui est, sans doute, condamnée.

III – Troisième interdiction : la profession de dessinateur.

Cette interdiction est énoncée par un hadith à portée générale :
Hadith n° 2225 : « Je suis un homme qui vit grâce au travail de ma main ; je fais des dessins. Réponse : J'ai entendu le

---

[94] Boulough, op cit p 463
[95] Jahiz, op cit, p. 219 – 220

Messager de Dieu dire : celui qui fait un dessin, Dieu lui fera subir un châtiment jusqu'à ce qu'il insuffle l'âme dans ce dessin ; mais hélas ! Il ne pourra jamais le faire… Tu n'as qu'à dessiner des arbres et toute chose n'ayant pas d'âme. » [96]
Ce hadith a manifestement été travaillé avec soin. Son premier segment repose sur un hadith irréfutable. Ce premier segment expose : « Je suis un homme qui vit grâce au travail de ma main ; je fais des dessins. » Cette affirmation repose sur le hadith énoncé dans le chapitre 2 :
« On avait posé une question au Prophète : quel est le meilleur moyen, le plus licite à employer lorsqu'on veut acquérir des biens ?
Le Prophète répondit : ce meilleur moyen réside dans les gains réalisés par l'homme lorsqu'il travaille de ses mains ou par l'activité du commerçant honnête. » [97]
L'homme qui dessine de ses mains n'a pas terminé sa phrase ; il ne comprend pas pourquoi il ne peut pas être honoré comme les autres artisans ; il est l'un d'entre eux.
A ce titre, le dessinateur est inattaquable ; lui aussi vit du travail de ses mains. La réponse qui lui est donnée est déstabilisante : « J'ai entendu le Messager de Dieu dire : celui qui fait un dessin, Dieu lui fera subir un châtiment jusqu'à ce qu'il insuffle l'âme dans ce dessin ; mais hélas ! Il ne pourra jamais le faire… »
La réponse est indirecte ; il faut faire un effort pour comprendre que dessiner des êtres vivants, humains ou animaux, est un métier répréhensible ; cela est sous-entendu ; le dessinateur est accusé de rivaliser avec Dieu en créant des simulacres de créatures qui seraient vivantes alors qu'elles ne le sont pas. Tout cela est très confus.
Puis vient le troisième segment : « Tu n'as qu'à dessiner des arbres et toute chose n'ayant pas d'âme. » Le métier de dessinateur est recevable, mais celui-ci subit une contrainte : il n'est pas libre de peindre ce qu'il veut ; il doit se cantonner dans le dessin (ou la peinture, je suppose) de paysages et de natures mortes. Mais pourquoi tant de précautions pour énoncer

---

[96] Sahih d'al Bûkhari, op cit, volume 3, p 196
[97] Boulough al-Maram, op cit, p 282

cette interdiction ? Le hadith fit preuve d'une apparente naïveté. Il faut le resituer dans son contexte historique.
Du temps des pieux transmetteurs, vivait, à Damas, Jean Damascène. Il est chrétien et collecteur d'impôts de l'administration omeyyade. A ce titre, sa puissance est supérieure à celles des pieux transmetteurs. Chrétien et intellectuel, Jean participe au débat qui oppose les chrétiens entre eux sur le rôle des icônes dans leur religion. Ce débat a lieu dans l'empire byzantin ; il se prolonge dans les provinces perdues, ce qui explique l'intervention de Jean. Pour cela, nous suivons Marie-José Mondzain dans ses explications. [98]
Jean Damascène (m 750), écrit :
« Quand les peintres tracent les lignes sur le bois et dessinent l'ombre, ils ajoutent ensuite la vérité des couleurs ; c'est ainsi que fit le Christ lui-même. » [99]
La création d'images religieuses soulève un problème spécifique : comment traduire l'élément immatériel, spirituel, sous une forme « humaine » ? Si l'on veut communiquer avec le divin, on doit établir un point de contact qui, dans ce cas, est une image.
Il y a la situation particulière, le problème posé par la représentation non pas de la création, mais du Dieu suprême, lui-même.
Jean établit la filiation : pour Jean, le Saint Esprit anime l'âme et le cœur de celui qui dessine et qui peint de la sorte, Jean met tout son talent au service de l'icône pour défendre le dogme de l'incarnation et de l'unité de l'Eglise. L'icône, d'essence divine, est le symbole de l'incarnation.
Voilà où le bât blesse. Le hadith refuse cette prétention qui consiste à donner au peintre des dons surnaturels. Le hadith refuse cette interprétation de Dieu.
Mais pour Jean, l'Eglise a posé comme principe que la doctrine de l'incarnation sous-tend la pensée iconique : qui refuse l'icône refuse l'économie, c'est-à-dire le Christ lui-même. [100]

---

[98] Image, icône, économie, Seuil, Paris, 1996
[99] Deuxième discours du De Imaginibus, in M.J. Mondzain op cit, p 127
[100] Jean Damascène, Contra imaginum calumniatores orationes tres, Berlin, 1975, in M.J Mondzain, op cit

Ici, nous passons de l'art à la politique. Nous devons explorer les non-dits du hadith à partir de la doctrine chrétienne de cette époque.
Le second concile de Nicée en 787 réfuta les thèses iconoclastes du concile de 754. Les partisans des icônes ont gagné la partie. Le débat durait depuis longtemps puisque Jean, qui y participa, est mort en 750.
Partant du couple icône – incarnation, nous nous heurtons à la notion très confuse d'économie, que les hadiths refusent d'évoquer. Dans la pensée de Jean, l'économie – oikonomia -, c'est l'art de Dieu pour convaincre et sauver les hommes. En ce sens, économie, art de Dieu, est utilisé pour signifier l'administration des choses et des hommes, dont les charges et les offices ; mais aussi, l'administration des idées, dont le plan, le dessein, la providence, les compromis.
Nous poursuivons. L'Eglise a posé comme principe que l'icône illustre l'incarnation : qui refuse l'icône refuse l'économie, c'est-à-dire le Christ lui-même.
Par un glissement sémantique, on arrive à un autre principe ; l'économie, ainsi exposée, permet d'identifier l'Eglise au corps du Christ. Sa visibilité doit être produite pour que le royaume terrestre puisse se constituer à l'image du royaume céleste.
Ainsi Dieu a eu historiquement besoin du Fils, le Fils de l'Eglise, et l'Eglise du pouvoir temporel, toujours et partout en fonction d'un même principe cohérent et logique : l'oikonomia.
Ainsi exposée, cette doctrine pose le problème du pouvoir de l'empereur de Byzance. Des centaines d'ouvrages lui furent consacrés par les théologiens chrétiens. On voit apparaître une sacralisation croissante de la personne de l'empereur. Dès 540, son image est rapprochée de celle du Christ, au point que leurs portraits deviennent interchangeables. [101]
Nous allons sauter à une conclusion qui résume peu ou prou, la pensée chrétienne. L'empereur était assimilé au quatrième personnage de la Trinité. [102]

---

[101] Pierre Maraval, l'empereur Justinien, CNRS Editions, Paris, 2012
[102] A.H.M. Jones, Le déclin du monde antique, 284 - 610, Editions Sirey, Paris, 1970, p118

A ce titre, il concentrait entre ses mains le pouvoir temporel et le pouvoir spirituel. Ce dogme pouvait sans doute convenir au Calife de Damas. C'est pourquoi, Jean Damascène bénéficia d'une grande liberté d'expression pour critiquer l'Islam.
Mais les pieux transmetteurs entendaient priver le calife de tout pouvoir religieux. Ils le voulaient soumis à l'autorité du Coran et des hadiths, ceux – ci en voie de constitution. C'est pourquoi, ils interdisent les icônes ; ce faisant, ils sectionnent le cordon supposé relier Dieu aux gouvernants terrestres. Le Calife ne représente pas Dieu. Il n'est ni inspiré ni protégé par lui. Le calife est un être humain soumis aux conséquences de ses décisions. Il n'est pas de pouvoir religieux.
L'interdiction de peindre des icônes est-elle respectée ? Il ne semble pas, à lire d'autres hadiths :
« 373. « Aïcha : le Prophète de Dieu pria une fois vêtu d'une khamissa ayant des motifs sur lesquels il jeta son regard. Ayant terminé sa prière, il dit : emportez ma khamissa et apporte-moi une ʻanbijaniya (manteau épais sans motif) car la khamissa m'a distrait pendant ma prière. »
Le ton est précautionneux. Porter un habit à motifs coloriés (je suppose) invite à la distraction de celui qui prie ; il ne peut se concentrer. Le hadith n'interdit pas le port d'habits à motifs ; il recommande un habit uni pour la prière. Le Prophète a été distrait dans sa prière ; que dire des simples fidèles ?
Un second hadith présente une autre variable du même sujet :
« 374. Anas : Aïcha avait un rideau fin ayant des représentations figurées et avec lequel elle cacha le côté donnant sur sa demeure. Mais le Prophète de Dieu lui dit : « Enlève ton rideau-ci ; car je remarque toujours ses dessins durant une prière. » [103]
Ici, il s'agit de représentations figurées ; on se rapproche de l'interdiction de les dessiner ; mais la raison est la même : la distraction pendant la prière. Ainsi, l'interdiction dans le costume se poursuit dans l'interdiction dans l'ameublement. Aïcha, la mère des croyants, est mise à contribution ; ces différentes étoffes sont en vente libre sur le marché. Et Aïcha ne saurait mal faire. Que dire alors de la prière devant une peinture

[103] Bûkhari, Tome 1, op cit p 290

sur bois qui ornait les murs des habitations. Mais les hadiths n'évoquent jamais les icônes. Ils dénoncent ce que celles-ci représentent.

Ici, vient se greffer, toujours dans le non-dit, une accusation portant sur le luxe ; les costumes et les rideaux à motifs coloriés coûtent plus chers que les habits et les rideaux simples.

La religion musulmane, fondée sur l'écrit, interdit certaines manifestations artistiques en raison de son attitude à l'égard du luxe. Nous l'avons vu dans les chapitres précédents, les hadiths ont libéré les artisans pauvres du servage byzantin. Or, l'usage des articles de luxe dans les situations de pauvreté crée problème. Il faut asservir les artisans pour perpétuer cet état de choses. [104]

Le luxe consacre la distribution inégale des ressources ; c'est pourquoi, le luxe a été une des cibles privilégiées des hadiths. Des centaines de hadiths décrivent et saluent la pauvreté du Prophète.

Par ailleurs, l'étalage du luxe pose le problème de la violence nécessaire pour assurer la stabilité des institutions. Il consacre la distribution inégale des ressources. Il faut user de violence dans une société hiérarchisée pour maintenir les pauvres à leur place. Les artisans doivent rester asservis pour perpétuer cet état de choses. Refus des hadiths.

Les hadiths organisent la diminution de la violence dans le cadre du marché : l'abolition du servage des artisans, des paysans et des juifs, soustraits à l'empire byzantin, permet un usage plus efficace des biens et des ressources de la société. Cette abolition permet la libération des énergies.

Les règles établies par les hadiths ne pouvaient fonctionner dans une société byzantine pour deux raisons : l'empereur byzantin est au-dessus des lois religieuses dont il est la source ; il peut les modifier à sa guise ; il n'y est pas assujetti. Les hadiths veulent interdire cette voie au Calife.

L'Eglise organisée génère des rentes considérables ; la violence légitime, étatique, était utilisée pour maintenir la stabilité des

---

[104] Jack Goody, La peur des représentations, Editions La Découverte, Paris, 2006, p 36

institutions. Tout cela a volé en éclat lors de l'affrontement avec l'Islam.

Peter Brown exprime bien cette idée :

« L'écho de la beauté divine était rendu apparent et mystérieusement puissant par l'image matérielle d'un dieu païen. Ces pouvoirs, repris plus tard par l'icône chrétienne, sont conférés aux peintures qui couvrent les murs des églises byzantines, à la représentation des saints bien humains dont le croyant croise le regard, sous des scènes de la vie du Christ Incarné. » [105]

Cette pratique de la religion ne convenait pas aux pieux transmetteurs. Ils organisent les aspects matériels de la religion sur d'autres bases. Ce qui fait dire à Peter Brown :

« Cette description vaut pour le Proche-Orient des 7ème et 8ème siècles. Et pour les populations issues des développements du monde antique tardif, la vie continue, plus stable encore. De l'Egypte à Constantinople, les taxes sur les céréales sont abolies. Un vaste marché commun du négoce et des ouvriers qualifiés se développe. Pour la première fois, Coptes et Perses peuvent travailler ensemble à la construction d'édifices magnifiques comme le palais de M'Shatta. Après la déroute de Khosro II Abharvez, la Mésopotamie retrouve un gouvernement plus fort – qui rénove les canaux d'irrigation, en particulier sous al-Hajjaj (692-724), ancien maître d'école devenu gouverneur, l'un des plus grands administrateurs de l'histoire médiévale. Quand le grondement des armées arabes se fait entendre, les populations du Proche-Orient jouissent de leur prospérité. »[106]

Ce même al-Hajjaj, qui a profité de l'enseignement des pieux transmetteurs, a menacé de mort, le plus illustre des recenseurs, l'Imam Malik. Il ne l'a pas tué, mais c'est tout comme. Malik a vu al-Hajjaj tuer à La Mecque, un des pieux transmetteurs, Abdallah Ibn Zoubeir ; son père était général du Prophète et sa mère, fille d'Abou Bakr, le premier calife de l'Islam. L'Imam Malik a compris la leçon ; comme les recenseurs venus après lui, il a utilisé les sinuosités de la pensée pour lever le voile

---

105 Peter Brown, Le monde de l'Antiquité tardive, De Marc Aurèle à Mahomet. Editions de l'Université de Bruxelles, Bruxelles, 2011, p 70

106 Peter Brown, op cit p 164

d'une société opaque et pour énoncer des vérités pas toujours évidentes.
Il n'empêche. Pour sortir le pouvoir politique de la sphère du religieux, il a fallu porter atteinte à la liberté d'entreprendre énoncée par les hadiths comme un principe révolutionnaire. Le marchand musulman ne peut pas tout vendre et le peintre musulman ne peut pas tout dessiner.
Cette première entorse sur le plan doctrinal à la liberté d'entreprendre ouvre la voie aux théories liberticides qui verront le jour plus tard. Nous touchons une des limites à la liberté sur le plan religieux.
La peinture figurative avait la vie dure ; il y avait des peintres et des amateurs de leur peinture. Le refus de cette peinture n'avait rien de spontané.
Le Coran et les hadiths refusent l'adoration devant une icône représentant Dieu.
En clair, les pieux transmetteurs ne veulent pas prendre le risque de voir le calife représenté sur une icône. Et, dans ce cas, le travail du peintre a pour objet un dessin et un dessein jugés inaptes à représenter la religion musulmane. Ceci étant, le métier de peintre n'est pas interdit. Le musulman doit éviter de représenter Dieu. Les chrétiens continuent de faire le commerce des icônes au marché.
En résumé des cinq chapitres qui précédent, les pieux transmetteurs ont réalisé un travail colossal d'édification d'une société apte à devenir prospère. Avec le marché, ils ont créé une institution qui offre une relative égalité des chances, garantit des droits économiques et permet l'innovation.
Les pieux transmetteurs ont banni les institutions étatiques qui servent l'enrichissement d'une minorité aux dépens du reste de la population.

Chapitre 5

La doctrine de la circulation monétaire idéale.

Les hadiths se sont intéressés à la circulation de la monnaie. Ils en ont fait le moteur de la prospérité. Nous allons avancer prudemment dans la compréhension de ce phénomène en faisant appel aux premiers défricheurs de la notion de monnaie.

I – La définition de Platon.

Dans « La République », Platon a donné une explication basique de la monnaie encastrée dans la vie d'une cité.
Qu'est-ce qu'une cité ? Voici l'explication de Platon, donnée sous forme de dialogue entre Socrate et Glaucon :
« Socrate : Mais, repris-je, fonder cette cité dans un endroit tel qu'elle n'ait besoin de rien importer, c'est quasi impossible.
Glaucon : impossible, en effet.

- Elle aura donc besoin d'autres citoyens, qui lui procureront d'une autre cité les choses dont elle manque.
- Elle en aura besoin.
- Mais si celui qui est chargé d'importer part les mains vides, sans rien apporter de ce qui manque à ceux auprès de qui il compte se procurer les choses qui manquent à ses concitoyens, il reviendra les mains vides, n'est-ce pas ?
- C'est mon avis.
- Il faut donc produire sur place non seulement les biens qui sont suffisants à son usage propre, mais aussi des biens, en quantité et en qualité, destinés à ceux qui en ont besoin.
- Il le faut, en effet.
- Il nous faut donc dans notre cité des laboureurs en plus grand nombre, et de même pour les autres artisans.
- Un plus grand nombre, en effet.

- Il nous faut également d'autres personnes chargées de l'importation et de l'exportation des biens. Ces agents sont des marchands, n'est-ce pas ?
- Oui.
- Nous aurons donc besoin de marchands ?
- Assurément.
- Et si le commerce se fait par voie de mer, il nous faudra encore beaucoup d'autres artisans, notamment ceux qui sont experts dans les activités maritimes.
- Il en faudra un grand nombre. Mais alors ? Au sein de la cité elle-même, comment les citoyens s'échangeront-ils les biens que chacun aura produits ? Car c'est bien dans ce but que nous avons fondé une cité, en rendant possible leur association.
- C'est clair, dit-il, ils vendent et ils achètent.
- De là, l'instauration de la place publique et de la monnaie, symbole de l'échange.
- C'est exact. » [107]

De la sorte, Platon a fixé les deux conditions à réaliser pour que le marché existe : la place publique, lieu des échanges et la monnaie, le moyen de leur règlement. Platon ne nous dira pas davantage sur la monnaie. Elle a le mérite d'exister, sans plus. Elle n'a d'importance que par ce qu'elle permet d'acquérir. C'est sa seule fonction, une fonction d'intermédiation.

II – La leçon d'Aristote.

Aristote reprend la thèse de Platon, tout en lui reprochant d'avoir omis d'inclure les magistrats dans la cité. Il faut bien les payer.

Aristote est plus prolixe que Platon sur les vertus et les défauts de la monnaie.

Pour Aristote, la monnaie est à l'origine du commerce. Avant l'apparition de la monnaie, le troc faisait l'affaire. Il en fait l'éloge comme le moyen naturel des échanges.

[107] Platon, La République, La Pléiade, Gallimard, 1950, p 102-105

Selon Aristote, l'expansion monétaire a suscité quelques illusions. Certains ont alors pensé que la richesse provient d'une masse monétaire thésaurisée. Rien n'est plus faux, nous dit Aristote. Isolée des transactions, la monnaie n'est rien. Il conforte son affirmation par cet exemple :
« Et c'est une étrange richesse que celle dont le propriétaire meurt de faim comme mourut le fameux Midas, homme insatiable dont la fable nous dit que, selon sa prière, tout ce qu'on lui présentait était changé en or. » [108]
Aristote met en garde contre les dangers de la monnaie, conçue comme un moyen de règlement mais dont l'évolution est incontrôlable. Les hadiths, sans en faire état, poursuivent cette réflexion.

III – Le poids de l'histoire.

Il y a quatre ou cinq mille ans, les Mycéniens ont mis l'or au premier rang des monnaies.
Tout le long des siècles, on note une dégradation progressive de la valeur de la monnaie, sous la pression de deux grandes forces motrices : l'impécuniosité des gouvernements et l'irrésistible influence politique de la classe des débiteurs.
« On raconte que dès avant 540 avant JC, Polycrate de Samos trompa les Spartiates avec des pièces d'or factices. »
Aristophane. (445- 380) l'avait à la fois compris et dénoncé dans sa pièce, « L'Assemblée des femmes.[109] » Voici comment Aristophane s'exprime au sujet des falsifications monétaires légales :
« Deuxième citoyen : Et ce que nous avons décrété sur les monnaies de cuivre, le sais-tu ?
Premier citoyen : Ah ! quel tort m'a fait ce maudit coin de monnaie ! J'avais vendu des raisins et je revenais la mâchoire pleine de pièces de cuivre ; je vais ensuite à l'Agora pour acheter de l'orge ; au moment même où j'avance mon sac, le

---

[108] Aristote, Les Politiques, Editions Flammarion, Paris, 2008, p 34 – 36.
[109] Aristophane, Théâtre complet Tome 2, Gallimard, 1966

héraut se met à crier que personne désormais ne doit recevoir du cuivre, vu que l'argent, seul, a cours. »[110]
Cette dégradation, Rome en a fait un privilège de l'Etat. Rome se libérait de ses dettes en dépréciant sa monnaie. Et nul ne pouvait s'y opposer.
Avec l'hégémonie de l'empire perse achéménide, on maintient un étalon bimétallique or et argent à un taux fixe jusqu'au règne d'Alexandre. Puis le monde s'est installé dans un régime monétaire reposant sur l'or, l'argent et le cuivre, la prépondérance revenant à l'argent.
L'or reprend de l'influence dans l'Empire romain de Constantinople jusqu'à l'arrivée des Arabes.

IV – La leçon des hadiths.

Tout ceci est bien connu au IIIème siècle hégirien. Les pieux transmetteurs n'ont pas suivi Aristote dans son éloge du troc. Ils ont retenu sa leçon sur Midas. L'or devient une marchandise comme une autre, en plus de sa fonction de moyen de paiement.

a) La monnaie est une marchandise comme une autre.

Un segment d'un hadith confirme cette définition :
« Omar Ibn Khattab a rapporté que le Messager d'Allah a dit : toute transaction sur l'or est usuraire sauf si le paiement se fait au comptant (littéralement de la main à la main.) Le paiement doit se faire en monnaie et au comptant. »[111]
Ainsi, l'or est une marchandise qui doit être payée en monnaie, cette monnaie étant fort probablement en or. Tout en étant une marchandise, l'or va servir de moyen de paiement pour le règlement de toutes les autres transactions.
Ceci veut dire qu'on ne prendra pas en compte le cours légal de la monnaie. La monnaie devient une marchandise et sera traitée comme telle ; elle contient une part de matière et une part de travail. Son prix est fixé librement, par son poids et non pour son cours imposé par les autorités. Telle est la rupture

[110] Aristophane, op cit
[111] Abrégé de Sahih Al-Boukhari, Daroussalam, Ryad, 1999 G/1420 H. p 515.

fondamentale avec l'économie antique. La monnaie est une marchandise universelle qui permet d'acheter toutes les autres marchandises. Cette transformation de la monnaie a des conséquences importantes. Elle marginalise le troc ; elle sécurise les transactions. Par la pesée, la monnaie résiste aux altérations de la monnaie par les autorités publiques. Les transactions ne souffriront pas des dégradations de la monnaie. Telle est la doctrine idéale de la monnaie. Les hadiths ne s'intéressent pas à la valeur légale des différentes monnaies qui ont cours. Par contre, ils s'intéressent de très près à leur vitesse de circulation. Auparavant, ils ont jeté l'interdit sur le troc.

b) Rejet du troc.

Les pieux transmetteurs proposent un hadith qui met en scène le Prophète, lui faisant préférer l'échange monétaire au troc :
« On rapporte d'Abi Sa'îd Al-Khoudrî et d'Abi Hourayra que le Prophète avait nommé un agent à Khaybar. Alors, ce représentant lui apporta des dattes de première qualité. Il demanda : « Est-ce que toutes les dattes de Khaybar sont comme celles-ci » ? L'homme répondit : « Non Messager d'Allah. Je Jure par Allah, nous échangeons un sâ' de cette espèce par deux à trois sâ' d'une autre espèce. Alors le Prophète lui dit : « Ne le fais pas, vends le tout en dirhams ; puis achète avec, des dattes de première qualité »[112]
Plusieurs informations sont données par ce hadith : le troc est de tradition ancienne. Il est possible de penser que le Prophète y a eu recours. Ce troc permet d'échanger des dattes de qualités différentes ; cet échange se fait à l'estime ; il ignore le poids et la valeur des quantités échangées. Ce même hadith insiste plusieurs fois sur la nécessité de peser les dattes. Le troc, même s'il est accepté, fausse les échanges. L'estime est incertaine ; de plus, un rapport de force peut favoriser le puissant. Il y a présomption d'inégalité soit par la force, soit par l'ignorance des qualités. (Manque d'informations suffisantes pour s'engager.)

[112] Boulough, *Hadith* rapporté par Boukhâri et Mouslim, ibid., Page 303 n° 700

Ce hadith prend tout son sens lorsqu'il s'appuie sur les postulats décrits dans les chapitres précédents : la propriété privée inattaquable des biens et la liberté totale des marchands de fixer leurs prix selon le processus décrit.
Le troc est bilatéral et s'oppose à la fixation des prix par leur liberté – la liberté résultant d'offres et de demandes multiples lesquelles aboutissent à un prix satisfaisant pour tous. Dès lors que ces deux postulats sont respectés, le troc n'a plus aucune valeur. Le hadith incite les croyants à utiliser la monnaie pour solder leurs transactions. Le hadith a le souci de la prospérité des producteurs et des consommateurs ; cette prospérité n'était pas assurée par le troc, elle l'est par l'usage de la monnaie. Il faut en généraliser l'usage.
Cependant, le troc ne peut pas être supprimé d'un trait de plume. Il est de pratique ancienne ; il est défendu par ceux qu'ils favorisent. Il est difficile de bousculer les traditions, mêmes les plus injustes. Dans la pratique, il persistera longtemps car la généralisation de l'usage de la monnaie demande du temps. C'est sans doute pourquoi, certains hadiths procèdent aux aménagements du troc. Ainsi, par exemple, l'usage du troc est accepté, à la condition qu'il soit au comptant :[113]
« D'après 'Umar, le prophète dit : du froment contre du froment est une usure sauf si les deux contractants se disent sur le champ : Prends ! De l'orge contre de l'orge est une usure sauf le cas où l'on se dit : prends ! Dattes contre dattes est une usure sauf si l'on se dit mutuellement : Prends ! » [114]
Echanger un produit contre un produit similaire est possible à la condition de respecter la simultanéité de la transaction ; elle doit se faire sans délai, pour être licite. L'explication est difficile. Sans doute s'agit-il d'un processus de compensation : pour éviter le transport par route des marchandises, les marchands peuvent échanger les mêmes produits s'ils y ont convenance. Un marchand dispose de stock de blé à Médine, par exemple. Il a un acheteur à Damas. Il se met en quête d'un

[113] Le Sahih d'al-Bukhâri, huit volumes, Al-Maktaba Al-Asrya, Beyrouth, 1430/2009
[114] Le Sahih d'al-Bukhâri, op cit p 168

producteur de blé à Damas. Celui-ci a un acheteur à Médine. Ils préfèrent échanger leurs stocks, à quantité et qualité égales. Les marchands font l'économie du transport et de ses risques. En échangeant les marchandises sans délai, ils participent indirectement à la circulation monétaire : le blé sera plus vite vendu, aussi bien à Médine qu'à Damas. Dans l'échange de ces produits, le délai est interdit. La rapidité de la circulation des transactions demeure un impératif.

c) La doctrine de la vitesse de la circulation de la monnaie.

Pour que la monnaie soit accessible au plus grand nombre, il faut qu'elle change de mains le plus rapidement possible. Tel est le sens de ce hadith :
« Omar Ibn Khattab a rapporté que le Messager d'Allah a dit : toute transaction sur l'or est usuraire sauf si le paiement se fait au comptant (littéralement de la main à la main.) Il en est de même pour les transactions sur le blé et celles sur les dattes ou l'orge : le paiement doit se faire en monnaie et au comptant. »[115]
En une formule ramassée, ce hadith envoie plusieurs informations. La première concerne le prestigieux rapporteur du hadith ; il s'agit de Omar Ibn Khattab, le second Calife de l'islam. Ce nom donne du poids au hadith. A coup sûr, le message est important.
Vient aussitôt le thème central du hadith, énoncé en termes imagés ; la main qui tend les bijoux en or, doit recevoir son paiement en or dans le même mouvement ; elle tend les bijoux, elle s'en retourne avec le montant de son prix de vente. Le hadith souligne l'automaticité de la transaction. Nul délai n'est nécessaire. Ceci vaut pour les transactions portant sur des objets de luxe, donc futiles (inutiles à la consommation courante.). La même simultanéité s'applique aux transactions sur les produits de première nécessité cités par le hadith : le blé, l'orge et les dattes. De la sorte, la monnaie, dont on ignore la consistance, circule en changeant de mains. C'est le but recherché.
Une autre information importante nous est livrée par ce hadith : le paiement doit se faire en monnaie. Il ne faut pas oublier

[115] Abrégé de Sahih Al-Boukhari, Daroussalam, Ryad, 1999 G/1420 H. p 515

qu'un hadith contient une obligation religieuse. L'obligation religieuse, ici, est de payer en monnaie. Autrement dit, ce hadith réitère l'inutilité du troc dans les transactions commerciales. La monnaie devient l'intermédiaire obligatoire pour les transactions licites.
Ce hadith est conforté par d'autres allant dans le même sens. Ainsi, Hadith : « Le Prophète a dit : Vendez de l'or pour de l'argent et de l'argent pour de l'or à votre guise. »[116]
Le change de monnaies est licite. A une condition, ajoute un autre hadith :
« Ne vendez pas de l'or ou de l'argent disponible au moment de l'échange pour de l'or ou de l'argent qui ne l'est pas. »[117]
Toujours, cette extrême vigilance quant à la rapidité de la circulation monétaire. Seul, le paiement au comptant, rapide, est licite.
Les hadiths ne s'intéressent pas à la quantité ou à la qualité de la monnaie en circulation. De cela, ils ne parlent pas. La vitesse supplée aux quantités et à la qualité.
Le privilège de l'Etat est de battre monnaie. C'est un fait que les hadiths ne relèvent pas. Ils ignorent l'Etat et son privilège de créer des monnaies et d'en manipuler la valeur. Ils ne peuvent cautionner ce pouvoir. Certes, il existe un poids canonique des monnaies à respecter ; justement, il ne l'est pas. La monnaie représente le pouvoir politique, pouvoir de coercition et de violence ; la monnaie permet au pouvoir de contrôler le marché, ce qui ne fait pas l'affaire des pieux transmetteurs. D'où leur souci d'utiliser la monnaie, instrument indispensable, sans considérer sa valeur.
Les pieux transmetteurs s'efforcent de démontrer que les rapports d'échange entre les biens sont indépendants de la nature des monnaies. Ils expliquent aussi que l'existence d'une monnaie n'est pas nécessaire à la fixation des prix.
La circulation monétaire est le principal sujet d'études. Ce qui compte, ce n'est pas la valeur de la monnaie, c'est sa vitesse de circulation.

---

[116] Abrégé de Sahih Al-Boukhari op cit p 520
[117] Abrégé de Sahih Al-Boukhari op cit p 520

Il est essentiel au commerce qu'il y ait assez d'argent pour maintenir le besoin de trésorerie des propriétaires fonciers, des travailleurs et des intermédiaires. Il faut donc que de l'argent comptant soit échangé constamment contre des marchandises et du travail ou suivre peu après.
Ce n'est pas la quantité d'argent qui compte, mais sa vitesse de circulation. La même pièce de monnaie peut à un moment rémunérer vingt hommes durant vingt jours ; telle est l'efficacité de la vitesse de circulation de la monnaie ; la même pièce de monnaie satisfait les besoins d'achat et de vente d'un nombre indéfini d'agents. Une même pièce de monnaie servira à payer une infinité de marchandises pour un grand nombre d'acheteurs qui ne se connaissent pas.
Par contre, la même pièce peut rester gelée dans les mêmes mains pendant un temps indéterminé. Dans ce cas, elle ne participe pas à l'entreprise de prospérité.
La liberté d'entrer dans le marché, garantie par les hadiths, a pour conséquence, le droit de participer à la circulation monétaire.

d) L'intervention des sukuk. [118]

Pour assurer la plus grande vitesse de circulation possible de la monnaie, les hadiths inventent ou propagent le paiement des transactions par les sukuk.
L'idée est avancée avec beaucoup de prudence parce qu'elle va à l'encontre du privilège de battre monnaie. Voici le texte :
« Malik : autrefois, des chèques avaient été remis aux gens pour qu'ils les utilisent à acheter de la nourriture dans la région d'Al-jar. Les gens se sont mis à vendre entre eux ces chèques avant que la nourriture fût en leur possession. » [119]
Les sukuk sont des reconnaissances de dette émises par un agent privé. Le hadith nous livre deux informations.

---

[118] Sukuk, pluriel de sak ; le traducteur a rendu le sens de sukuk par chèques. Nous préférons garder le mot arabe

[119] Abrégé de Sahih Al-Boukhari op cit, p 335. Nous conservons la traduction du hadith en le citant. Le mot chèque nous paraît inapproprié.

La première information est d'importance : on peut régler ses transactions même en l'absence de numéraire. Il suffit d'établir un acte écrit qui porte sur un montant et un engagement à le payer à vue. Ainsi, lorsque la monnaie métallique fait défaut, l'acte écrit se substitue à elle. Peu importe la quantité d'or et d'argent qui circule sous forme de monnaie ; l'acte écrit crée une autre monnaie admise ; c'est un moyen de paiement que deux ou plusieurs individus s'accordent à reconnaître comme tel. A ce titre, la confiance est nécessaire.

On comprend l'intérêt des sukuk sur le plan macro-économique : grâce aux sukuk, l'équilibre général entre les achats et les ventes de produits est maintenu. Les sukuk éliminent le risque de contraction de la masse monétaire ; ils augmentent les moyens de paiement. Ils font également face aux hausses des prix qui peuvent déclencher une insuffisance de moyens de paiement métalliques De la sorte, chaque produit trouve son débouché. La liberté des prix autorisée par les hadiths peut donner lieu à d'amples variations. La concurrence entre marchands peut faire baisser les prix de certains produits ; elle demeure sans effet quand règne la rareté.

Par le moyen des sukuk, les hadiths incitent à l'expansion des échanges.

De façon plus pratique, les sukuk règlent le problème du transport du numéraire. Le numéraire ne se déplace plus de ville en ville ou de pays en pays. Il reste sur place et change de propriétaire par simple écrit. Les sukuk assurent la sécurité des transactions. Les pièces d'or et d'argent ne risquent plus de subir le pillage des caravanes ou le naufrages des navires marchands. Le système de compensation est né. C'est un progrès.

Par contre aucun mécanisme n'est prévu dans le cas où la marchandise ne peut être vendue et doit être stockée chez son propriétaire, s'il y a surproduction. Le remède, douloureux pour les producteurs, se rencontre dans la baisse des prix. La dureté du remède est atténuée si le marchand finance ses stocks avec ses propres capitaux ; ceux-ci sont immobilisés, pour une durée plus ou moins longue. Les hadiths acceptent tacitement ces inconvénients de la liberté des prix, préférée à la taxation par les pouvoirs publics.

Revenons au deuxième segment du hadith :
« Les gens se sont mis à vendre entre eux ces chèques avant que la nourriture fût en leur possession. » [120]
Ainsi, les sukuk deviennent une marchandise, revendue, sans doute, avec profit.
Le moyen de paiement devenu marchandise est introduit deux fois dans la circulation monétaire : comme moyen de paiement et comme marchandise.
Les sukuk circulent en s'échangeant. Ceci veut dire qu'ils sont établis sous forme anonyme, au porteur ; ou, s'ils sont nominatifs, ils circulent par endossement. La circulation des sukuk suppose la circulation des marchandises qu'ils représentent. Une marchandise vendue plusieurs fois fait le lit d'une possible spéculation.
Moins l'or sert d'agent monétaire, moins onéreux est le processus de l'échange. Les sukuk font l'économie des coûts de production de l'or et de l'argent. Les sukuk font aussi l'économie des coûts de circulation des monnaies métalliques. Ces économies augmentent les profits et donnent de la marge pour accepter, sans perte, une baisse des prix.
Cette circulation est la marque d'une grande confiance dans la crédibilité des marchands qui font usage des sukuk, de ceux qui les émettent, de ceux qui les acceptent et de ceux qui les échangent. Il faut aussi une solide réputation des institutions qui protègent la propriété des biens, notamment de l'institution de la justice.
Le hadith cité est prudent. Il n'est pas attribué à un transmetteur. Il cite un moyen de paiement utilisé sans se prononcer sur sa pertinence.
Cet enchaînement de créances et de dettes constitue un circuit immatériel où les obligations et les droits réciproques se confrontent et se compensent. La circulation de la monnaie s'accélère. Un embryon de marché financier.
Les hadiths ne se prononcent pas. Les variations des prix peuvent avoir une grande amplitude, à la hausse comme à la baisse.

---

[120] Abrégé de Sahih Al-Boukhari op cit p 355

Avec leurs hadiths, les pieux transmetteurs traitent de la monnaie par pure abstraction. A aucun moment, ils ne confondent monnaie et argent.
L'argent, c'est ce que touchent les travailleurs sous forme de salaires pour prix de leurs prestations. Cet argent est immédiatement transformé en achats de toutes sortes pour les besoins de consommation des travailleurs. Aussitôt dépensé, il entre d'où il est sorti, du circuit monétaire. Le travail est une marchandise comme une autre, qui s'achète et se vend.
Les pieux transmetteurs s'en tiennent à l'étude abstraite de la monnaie. Ils suivent Aristote qui a dénoncé le sens commun lequel pense que la richesse provient d'une masse monétaire thésaurisée. La richesse des individus, comme celle des pays, s'évalue par quantité d'or et d'argent thésaurisée. On amasse de la monnaie pour amasser de la monnaie bien plus que pour la transformer en d'autres formes de richesse matérielle.
Rien n'est plus faux, nous dit Aristote. Isolée des transactions, la monnaie n'est rien. Il conforte son affirmation par l'exemple du Roi Midas, mort de faim devant son tas d'or.
En réalité, la croissance de la production et des revenus ne dépend nullement d'un volume déterminé de la masse monétaire. La circulation de cette masse dépend de la variation des prix des marchandises offertes à la vente.
Si tous les prix doublaient d'un seul coup, il faudrait doubler également l'offre de monnaie, faute de quoi la moitié de la production resterait invendue. Cette position est extrême ; elle a peu de chances de se réaliser. D'où la nécessité des sukuk ; ils permettent de pallier les insuffisances de la monnaie métallique. Inversement, Si les prix diminuaient de moitié, position extrême aussi, la masse monétaire serait thésaurisée de moitié, ou perdrait la moitié de sa valeur.
Mais on peut doubler l'offre de monnaie, la quantité ou la valeur des marchandises ne seront pas pour autant multipliées par deux. Ceci veut dire que les prix des biens et services, tout en étant exprimés en monnaie ne sont pas déterminés par la quantité de la monnaie. C'est au contraire, les prix de ces biens qui déterminent l'offre de monnaie. Cette constatation constitue la thèse centrale de la doctrine de la monnaie transmise par les hadiths.

Chapitre 6

La doctrine de l'esclavage et de l'affranchissement.

Il n'existe pas un chapitre traitant de l'esclavage. L'achat et la vente d'un esclave sont traités dans le livre des ventes que contient chaque recueil des hadiths. Par contre, il existe un Livre de l'affranchissement.
Le premier recueil en date est Al-Muwatta', de l'imam Malik (m. 179/795). [121]
Il est aussi le seul à traiter de l'esclavage en profondeur, quoique d'une manière indirecte, comme nous allons le voir.
Dans son ouvrage, l'imam Bûkhari survole le sujet avec des annotations intéressantes. Quant à Boulough al Maram, il n'évoque pas le sujet. C'est que l'esclavage est un sujet à la fois sensible et controversé.
Il n'en reste pas moins que l'esclavage est un objet de transactions et d'interdits qui éclairent un fait de société.
Nous avons un précis du commerce des esclaves, suivi d'un devoir d'affranchissement, ce dernier soumis à des conditions. L'affranchi n'est pas libéré d'un devoir d'allégeance qui renforce la position sociale du maître au sein de la cité ou de l'oasis. Nous noterons que les hadiths qui traitent de l'esclavage ne sont pas toujours explicites. Il faut parfois les comprendre à travers les lignes. C'est sans doute le signe d'un certain embarras à traiter ce sujet.

I – Précis de commerce d'esclaves.

Or le livre des ventes commence par le traitement des arrhes. Malik rapporte un hadith par lequel le Prophète interdit la vente des arrhes. Il lui donne le commentaire suivant :

---

[121] Imam Malik : Al-Muwatta' (La lecture aisée). Dar al-kotob al-'ilmiya, Beyrouth, 1427 h – 2006.

Un acheteur verse des arrhes soit pour l'achat d'un esclave, soit pour la location d'une monture ; si l'option n'est pas levée et qu'il renonce à l'achat, les arrhes demeurent acquises au propriétaire de l'esclave ou de la monture. [122]
Autrement dit, le hadith cité ne permet pas à l'acheteur de réclamer le remboursement des arrhes qu'il a versés. On apprend ainsi, indirectement, l'existence d'un marché sur lequel les esclaves font l'objet de transactions.
Malik envisage ensuite le troc. Il ne cite pas le Prophète mais se réfère à la tradition de Médine par la formule : « ce qui est suivi, chez nous, à Médine. »
Dans ce cas, le troc est permis lorsque l'échange a lieu entre des esclaves de compétences différentes. Il est licite, écrit-il d'échanger « un esclave éloquent et doué pour les affaires commerciales en échange de plusieurs esclaves éthiopiens » qui n'ont pas de connaissances particulières. Par contre, à qualités égales, il est interdit d'échanger un esclave contre un esclave. [123]
Malik poursuit en déclarant licite le fait de vendre un produit avant de l'avoir payé, à la condition d'être réglé au comptant par le nouvel acheteur.
Enfin, ajoute-t-il, il est interdit de vendre une esclave enceinte ; cette vente s'apparenterait à une tromperie sur la marchandise ; car on ignore ce que donnera le fœtus, « mâle ou femelle, beau ou laid, créature complète ou incomplète et même vivant ou mort. » Cette incertitude diminuerait le prix de vente de l'esclave. [124]
Il est également interdit de vendre un esclave payé au comptant pour la racheter à un terme déterminé avec un prix supérieur de 10% au prix de vente. Autrement dit, l'esclave ne saurait servir de gage pour garantir un prêt à terme. [125]
L'endettement est un problème lancinant pour les hadiths.
Malik étudie le cas de l'esclave qui possède des biens personnels ; il conserve ses biens s'il est vendu, sauf si

[122] Imam Malik op cit p 638
[123] Imam Malik op cit p 638
[124] Imam Malik op cit p 638
[125] Imam Malik op cit p 640

l'acheteur en décide autrement. L'esclave qui possède une servante a le doit d'avoir des relations sexuelles avec elle. S'il fait faillite, ses créanciers peuvent récupérer ses biens et son maître n'est pas responsable de ses dettes. L'esclave conserve sa fortune s'il est affranchi. [126]

Ensuite, l'Imam Malik entre dans des considérations techniques. Dans ces hadiths, le Prophète n'est pas mis à contribution ; il s'agit essentiellement de propos tenus par ses compagnons.

Ainsi, on apprend que tout acheteur d'un esclave bénéficie automatiquement d'une clause de garantie de trois jours : au cours de ce délai, il peut refuser l'esclave s'il a découvert chez lui des défauts apparents ou cachés qui n'ont pas été mentionnés par le vendeur. Dans ce cas, le vendeur est dans l'obligation de le rembourser. L'imam Malik précise que « la garantie n'est pas exigée, chez nous, à Médine, sauf pour les esclaves. » [127] Un hadith confirme cette exigence.

L'imam Malik étudie de nombreux cas qui peuvent se rencontrer. Ainsi, par exemple celui de l'acheteur qui, dans le délai de trois jours découvre un défaut ; il s'apprête à rendre l'esclave lorsque celui-ci se fracture une jambe ou perd un œil, par exemple. Dans ce cas, la restitution ne peut se faire. Le vendeur et l'acheteur doivent accepter un compromis. Le vendeur remboursera à l'acheteur le prix du marché, nécessairement inférieur au prix de vente initial. [128]

Le remboursement partiel joue dans de nombreux cas. Malik cite le cas de l'acheteur ayant découvert un défaut dans les trois jours ; il s'apprête à rendre l'esclave, mais celui-ci meurt. Le vendeur devra tout de même faire une remise sur le prix de vente pour compenser le défaut découvert.

Toujours dans le cadre de la tradition de Médine, l'imam Malik cite le cas de l'acheteur qui doit restituer une esclave pour défaut non signalé par le vendeur ; cependant, dans ce délai de trois jours, l'acheteur a défloré l'esclave qui était vierge. Dans ce cas, le vendeur a droit à une compensation ; il restituera à

---

[126] Imam Malik op cit p 640
[127] Imam Malik op cit p 642
[128] Imam Malik op cit p 644

l'acheteur le prix de vente diminué de la compensation telle qu'elle résulte des prix du marché.
Les litiges devaient être nombreux, et les cas traités avec un grand luxe de détails. Il n'est pas utile, nous semble-t-il, de les citer tous. Un cas curieux mentionné est celui de l'esclave vendue à la condition qu'elle ne soit pas revendue ou donnée à un tiers. Dans ce cas, l'acheteur n'a pas le droit d'avoir des relations sexuelles avec elle, car sa possession n'est pas complète. Par ailleurs, s'il est permis d'acheter une esclave mariée, il n'est pas permis d'avoir des relations sexuelles avec elle. L'état de mariage, s'il est découvert dans les trois jours, permet à l'acheteur de restituer l'esclave au vendeur.
L'imam Malik est le seul à traiter en profondeur les problèmes posés par l'achat et la vente d'esclaves.
Moins d'un siècle plus tard (77ans), l'imam Bûkhari ne les évoque pas. On note un changement notable. L'imam Malik traitait de l'esclave comme de n'importe quelle marchandise. Pour l'imam Bûkhari, au contraire, les esclaves sont des êtres humains. Il insiste sur les procédés d'affranchissement.

II – L'esclavage contractuel pour une durée déterminée.

Comment réduit-on un homme à l'esclavage ? Les hadiths ne sont guère prolixes sur ce sujet. Un seul hadith énonce une possibilité ; il se réfère au Prophète : « Abdallah Ibn Umar rapporte : « Le Messager d'Allah a attaqué le campement d'une tribu, tandis que les troupeaux de la tribu s'abreuvaient aux sources. Il tua les combattants et prit leurs familles en captivité. »[129]
Ce hadith tente de donner à l'esclavage une légitimité religieuse. Le Prophète a agi de la sorte. Il n'y a aucun mal à agir de la sorte lors des guerres intertribales. Les croyants sont fondés à l'imiter. Il n'y aurait des esclaves que par le butin. Ce hadith ne va pas plus loin.
De nombreux hadiths éparpillés çà et là, apportent des informations complémentaires sur le statut de l'esclave. Par exemple :

---

[129] Abrégé du Sahih Al-Boukhari, Daroussalam, Ryadh, 1420 h - 1999, p 580

« On rapporte d'Ibn Omar qui disait : Omar avait interdit qu'on l'on vende les femmes esclaves avec lesquelles on a un enfant. Il ajouta : on ne les vend pas, on ne les offre pas en cadeau et elles ne peuvent être l'objet d'un héritage. Leurs maîtres disposent d'elles à leur guise ; elles deviennent libres à la mort de leurs maîtres. » [130]

« J'ai entendu le Prophète dire : qui sépare une mère de son enfant, Allah le séparera de ses amis le Jour du Jugement. » [131]

« On rapporte que Ali Ibn Abi Talib disait : le Prophète m'avait ordonné de vendre deux garçon frères. Alors, je les ai vendus en les séparant, puis j'en ai fait part au Prophète, qui me dit : rattrape-les et ramène-les ; ne les vends qu'ensemble. » [132]

Ces trois hadiths ne prononcent pas d'affranchissement ; ils proposent une atténuation du statut de l'esclave. Ils introduisent un peu d'humanité dans une matière qui en manque singulièrement.

Cependant, le hadith le plus important pour notre étude est le suivant :

« Le Prophète dit à Salman : fais un contrat de mûkataba. Salman était un homme libre, mais on le captura et il fut vendu injustement. »

La mûkataba consiste à ce que l'esclave achète sa liberté moyennant un pécule qu'il verse à son maître. » [133]

Nous entrons de la sorte dans le statut de l'esclave régi par contrat. Aïcha rapporte un hadith sur une première définition du contrat d'affranchissement : L'esclave Barira a demandé à Aïcha de l'aider à racheter son contrat d'émancipation. Aux termes de ce contrat, Barira devait payer une certaine somme d'argent pour obtenir le droit d'être affranchie. Elle n'avait pas été en mesure de payer son affranchissement. Aïcha accepta de payer à sa place et de l'affranchir. Le maître de Barira accepta à la condition de garder pour lui le droit de wilaya ; ce droit fait appel à des notions non marchandes ; l'affranchie Barira devait rester sous la tutelle morale de son ancien maître, faire partie de

---

[130] Abrégé du Sahih Al-Boukhari, op cit, p286

[131] Abrégé du Sahih Al-Boukhari , op cit p 293

[132] Abrégé du Sahih Al-Boukhari op cit p 294

[133] Abrégé du Sahih Al-Boukhari op cit, p 190 et 192

sa clientèle ; de la sorte, le maître s'assure un contrôle social et son pouvoir dans la cité. Sollicité pour avis, le Prophète a décidé que le contrôle social, la wilaya, appartient à celui ou celle qui affranchit. Celui qui se sépare d'un esclave perd sa tutelle sur lui. Ainsi, l'esclave libéré reste sous la tutelle de celui qui l'a affranchi. Il s'agit d'une libération partielle qui fait droit à des structures sociales archaïques fondées sur l'allégeance des uns aux autres. [134]

III – Le devoir d'affranchissement.

Abû Huraira rapporte un propos du Prophète : « Quiconque affranchit un esclave sera sauvé de l'enfer par Allah. » [135]
Un principe général est ainsi annoncé ; c'est faire œuvre pie que d'affranchir un esclave. Dans la hiérarchie des œuvres pies, l'affranchissement figure en seconde place. Tel est le sens du hadith suivant :
D'après le Prophète, le premier devoir de l'homme est de croire en Dieu et de combattre pour sa cause. Le second devoir de l'homme est d'affranchir un esclave ; mais pas n'importe lequel ; il s'agit d'affranchir l'esclave le plus précieux à son maître. Le maître doit ressentir une perte monétaire et une perte de compétences ; le maître accuse une perte, celle-ci est agréable à Dieu.[136]
Ce hadith est complété par un autre :
« J'ai rapporté ce hadith à Ali Ibn Hussein ; il a aussitôt affranchi un esclave estimé à dix mille dirhams ou mille dinars. »[137]

Malik expose d'après Nafi', d'après Abdallah Ibn Umar, ce dernier a décidé : un maître ne peut vendre une esclave qui lui a donné un enfant ; elle ne peut pas davantage faire l'objet d'un

---

134 Abrégé du Sahih Al-Boukhari op cit p 198
135 Abrégé du Sahih Al-Boukhari op cit. p 578
136 Abrégé du Sahih Al-Boukhari op cit p 578
137 Sahih Bûkhari, tome III, op cit p 406

don ; elle ne peut revenir comme bien aux héritiers du maître. Elle devient libre à la mort du maître. [138]
Malik rapporte également une décision d'Umar Ibn Khattab : il a décidé de sa propre autorité l'affranchissement d'une esclave qui avait été frappée et torturée par son maître. [139]

IV – Une morale ambiguë.

Signalons quelques curiosités juridiques exposées par l'Imam Malik. Un hadith restreint la liberté d'affranchissement du propriétaire d'esclaves. Ce dernier possédait six esclaves ; il décide de les affranchir tous les six après sa mort. Il n'a pas d'autres biens. Sa décision ne sera pas suivie d'effet. Un tirage au sort permettra de libérer deux esclaves ; les quatre autres demeureront la propriété des héritiers du défunt. Ce procédé, qui traite l'esclave en marchandise, permet de respecter le droit des successions ; en vertu de ce droit religieux, un homme ne peut disposer librement que du tiers de ses biens ; les deux autres tiers vont obligatoirement à ses héritiers. [140]
Un autre hadith se penche sur le cas d'un esclave dont la propriété appartient à deux ou à plusieurs maîtres. Le maître qui le souhaite, peut affranchir la part qu'il détient dans l'esclave. S'il en a les moyens, il peut racheter la part des autres propriétaires après évaluation ; ces derniers ne peuvent pas refuser l'achat ; dans ce cas, l'esclave est affranchi. L'esclave libéré partiellement, continuera à travailler pour ses maîtres, mais son travail sera allégé pour la part libérée. [141]
Malik évoque le consensus de Médine pour traiter d'un contrat d'affranchissement d'un groupe d'esclaves. Pour être affranchis, ce groupe d'esclaves doit payer un montant fixé à l'avance d'un commun accord entre le maître et les esclaves et pour une durée déterminée. Dans ce cas, les esclaves sont cautions les uns des autres ; la défaillance des uns est supportée par les autres qui paieront à sa place ; mais ceux-ci peuvent se

[138] Malik Ibn Anas, Al Muwatta' Tome II, Dar el Kotob Al Ilmiya, Beyrouth, 2009, p 429
[139] Malik Ibn Anas, op cit, p 429
[140] Malik Ibn Anas, op cit, p 427
[141] Malik Ibn Anas, op cit, p 427

retourner contre les esclaves défaillants ; en cas de décès d'un membre du groupe les cautions prennent en charge solidairement sa quote-part.
Malik évoque encore le cas de l'esclave dont le contrat d'affranchissement s'élève à trois mille dirhams ; cet esclave est blessé au cours d'une agression ; en vertu de la loi du talion, son maître a reçu mille dirhams pour prix du sang ; dans ce cas, le contrat d'affranchissement est réduit et ne s'élève plus qu'à deux mille dirhams ; l'esclave sera libéré après paiement par lui de deux mille dirhams. Malik ajoute que si le contrat portait sur mille dirhams, l'esclave serait immédiatement libéré si le prix du sang s'élevait également à mille dirhams. [142]
Ces curiosités juridiques dissimulent mal le fond du problème. Les hadiths n'évoquent jamais le cas des débiteurs insolvables réduits en esclavage. Il n'est question que des prisonniers de guerre. En toute hypothèse, ces hadiths peuvent s'appliquer à des débiteurs insolvables. Il s'agit d'une façon de se libérer de ses dettes par un contrat à durée déterminée ; au cours de cette période, ils effectuent des prestations en travail pour se libérer de leurs dettes. Ils sont en outre logés et nourris par les créanciers. Mais rien ne vient étayer dans les textes cette hypothèse qui demeure à l'état d'interrogation.
L'Imam Bûkhari traite de façon résumée de l'affranchissement. Mais, au milieu de son exposé, il cite deux hadiths étrangers au sujet traité.
Les voici :
« D'après Abu Hurayra, le Prophète a dit : Dieu ne tient aucun compte des intentions humaines tant que l'homme ne les transforme pas en actes ou en paroles. » Puis :
« Le Prophète a dit : la valeur de l'action humaine réside dans l'intention de celui qui agit. A chacun selon son intention. » [143]
Le premier hadith prône le fait contre l'intention. Le second hadith prône l'intention contre le fait.
Cette contradiction est assumée. Elle illustre les ambiguïtés de toute morale quand elle veut expliquer ses propres limites. Comment affranchir le débiteur de ses dettes sans léser son

---

[142] Malik Ibn Anas, op cit, p 445
[143] Sahih Bûkhari, op cit TIII, p 412

créancier ? Comment affranchir un esclave sans porter préjudice à son propriétaire ? La zakat a été établie pour désintéresser le propriétaire et libérer l'esclave ou le débiteur insolvable.

Chapitre 7

La doctrine des transactions financières et de l'interdiction de l'usure.

La présentation de la doctrine de la monnaie se prolonge par celle de l'usure. Selon la doctrine, l'usure est un surgeon pervers de la monnaie. La circulation monétaire, base de la prospérité humaine, se transforme en son contraire, un vecteur de pauvreté. La monnaie ne doit jamais être thésaurisée ; et quand elle l'est, elle se transforme en prêts usuraires.
Les pieux transmetteurs attribuent au Prophète un hadith qui fixe la doctrine établissant la liaison entre la circulation monétaire et l'apurement des dettes. D'après Abu Hurayra, Le Prophète aurait dit que s'il avait possédé une montagne d'or aussi imposante que le mont Uhud, il aurait remis cet or en circulation dans un délai de trois jours sans en garder un dinar ; car, dit-il, ceux qui possèdent le plus, seront les moins rétribués. Voici une condamnation de la thésaurisation. Par contre, ajoute le Prophète, il aurait gardé la somme nécessaire pour rembourser ses dettes, s'il en avait. [144]
Selon ce hadith, l'or trouve toujours son débouché. Le financement des transactions est assuré parce que la progression des transactions est permanente. Nous avons là une vision optimiste du commerce, laquelle se fonde sur une autre vision, elle aussi optimiste, de la production, à l'échelle mondiale, bien entendu. Les pieux transmetteurs raisonnent à l'échelle du monde. On aurait tort de croire à une surproduction de l'or. Chaque production trouve son financement. En ce sens, la thésaurisation détruit une capacité de production et nuit à la prospérité de la société.
La doctrine musulmane n'a pas été la première à être confrontée à ce dilemme de la monnaie nécessaire à la prospérité d'une

[144] Bukhari, T III, p 314

population, mais dont le développement peut conduire à sa ruine. La contradiction peut-elle être surmontée ?
En ce 3ème siècle de l'hégire, l'usure existe ; il n'y a aucune institution politique ou morale pour fixer un taux d'intérêt qui serait acceptable par consensus. Dans ce cas, tout taux d'intérêt est usuraire ; aucun plafond n'est fixé à l'intérêt. Le taux d'intérêt n'existe pas ; il existera plus tard, quand le capitalisme triomphera ; on n'en est pas là ; pour le moment nos sociétés sont précapitalistes et marchandes ; c'est un très grand progrès ; mais, il n'y a qu'un taux usuraire. Le taux d'intérêt permet l'enrichissement de l'emprunteur qui peut dès lors, rembourser capital et intérêts. Le taux usuraire conduit à la ruine de l'emprunteur. Au 3ème siècle de l'hégire, donc, l'intérêt n'étant pas réglementé, seul existe le taux usuraire.
Un certain nombre de hadiths vont s'efforcer, non pas de l'éliminer, mais d'en limiter les dégâts. L'usure ruine ses victimes. Celles-ci se comptent dans tous les milieux. Les riches donnent leurs biens fonciers en gage, pour mener une vie de luxe, de plaisirs et de gaspillages. Les petits producteurs mettent en gage leurs outils de production ou leurs terres. Les riches emprunteurs se ruinent parce que les taux usuraires sont calculés de façon qu'ils ne puissent rembourser par leurs revenus. Il en va de même pour les petits producteurs ; ils perdent leurs terres ; ils vont grossir les rangs des sans-travails ; on assiste à la concentration des terres entre les mains d'une minorité, opération préjudiciable à la bonne santé de l'économie, mais nécessaire pour développer le champ d'action de l'usure ; laquelle appauvrit l'ensemble de la population, mais enrichit quelques-uns. L'usure est un moyen de gouvernement ; elle procède à la constitution de grands domaines par concentration des petites propriétés ; donnés en gage, ils permettent de financer le budget de l'Etat dans l'attente des rentrées fiscales.
Pour contrarier ce mouvement, certains hadiths vont limiter certaines opérations. D'autres, vont inciter à la plus grande vitesse de la circulation monétaire possible pour limiter, autant que faire se peut, la thésaurisation de la monnaie afin d'éviter la constitution de capitaux inemployés ; ceux-ci deviennent

inévitablement du capital usuraire ; il faut contrarier cette tendance de l'économie.

I – Essai de définitions pragmatiques.

Les hadiths définissent l'usure de façon très pragmatique. Nous allons reprendre le hadith exposé dans le chapitre 4 :
« D'après 'Umar, le prophète dit : du froment contre du froment est une usure sauf si les deux contractants se disent sur le champ : Prends ! De l'orge contre de l'orge est une usure sauf le cas où l'on se dit : prends ! Dattes contre dattes est une usure sauf si l'on se dit mutuellement : Prends ! » [145]
On peut effectivement considérer qu'un usurier prête à un agriculteur du blé pour se nourrir pendant la campagne agricole et se fait rembourser à la moisson. Le blé produit appartient au prêteur ; l'agriculteur est démuni ; il sollicite le renouvellement du prêt en nature pour pouvoir manger ; et si la sécheresse anéantit sa production, il perd sa terre ; c'est le but recherché par le capital usuraire. Riche ou pauvre, l'emprunteur ne s'en sort jamais.
Ce hadith énonce l'interdiction de l'usure par le troc inégal de matières premières de même nature.
Un autre hadith interdit l'usure monétaire :
« On rapporte de Ali ibn Abi Talib qui disait que le Prophète avait dit : Toute dette entraînant un profit est une usure. »[146]
Toutefois, la chaîne de transmission de ce hadith est qualifiée de défectueuse. On ne peut en tenir compte. Cette définition, pourtant très précise, est rejetée.
Les pieux transmetteurs ne peuvent s'attaquer de front aux pouvoirs publics ; ceux-ci sont les grands usuriers ; on ne peut en effet, accepter l'idée que des usuriers exercent librement leur métier sans l'appui des pouvoirs publics qui font exécuter les sentences d'expropriation des terres ; l'argent escroqué leur bénéficie ; pour ne pas les heurter, on énonce une interdiction et, dans le même temps, on l'assortit d'une suspension. Mais le musulman scrupuleux est avisé de la doctrine ; c'est l'essentiel.

---

[145] Bukhari op cit p 168
[146] Boulough op cit p 312

II – Essai de solutions pragmatiques.

Les pieux transmetteurs sont sans illusion : l'usure survivra à toutes les interdictions. Comment contrer la pratique de l'usure ? Le projet est périlleux car les usuriers sont puissants et les pieux transmetteurs ne le sont pas. Ils vont jongler avec prudence pour énoncer des règles qu'on peut qualifier de prudentielles ; il s'agit de mettre l'homme à l'abri de l'endettement destructeur.
Dans un premier temps, ils vont essayer de limiter la thésaurisation de la monnaie et ses possibles méfaits.

a) Contre la thésaurisation.

La thésaurisation, c'est de la monnaie qui ne circule pas. La vitesse de la circulation, envisagée par les hadiths a pour mérite d'empêcher l'épargne improductive de la monnaie. La monnaie circule en tant qu'intermédiaire des échanges ; elle n'est pas accumulée ; il y a toujours des biens à acheter et des consommateurs pour les acquérir. L'argent ne dort jamais ; quand il est inemployé, il rentre immédiatement dans le circuit monétaire ; s'il ne peut rien produire et acheter, il est prêté. C'est ce que les pieux transmetteurs veulent empêcher.

b) Pour des délais de paiement.

Pour cela, ils créent un premier barrage. Remplacer un certain nombre de paiements au comptant par des paiements à date différée ; la marchandise est livrée, mais son produit n'est pas encaissé ; il le sera plus tard ; de la sorte, une quantité de monnaie est soustraite de la circulation ; elle est gelée, elle n'est pas employée.
On se met sous la protection du Prophète et un hadith de portée générale est expose :

« On rapporte que le Prophète avait dit : trois choses sont bénies : la vente à un terme fixé, le prêt et le fait de mélanger le mil et l'orge pour l'usage familial et non pour la vente. » [147]
Ce hadith est issu d'une chaîne de transmission dite faible. Faible, il ne peut susciter le courroux des pouvoirs publics. Mais il a le mérite d'exister. La vente à terme fixé et le prêt sont bénis ; c'est un encouragement à les pratiquer. Bien évidemment, le lecteur sourcilleux peut rejeter le hadith. Un lecteur libéral peut s'en satisfaire parce que ce hadith permet des ventes qui ne se feraient pas sans facilités de paiement. Il s'agit de vendre des produits disponibles. Il vaut mieux, parfois, un délai qu'un rabais. Afin de banaliser ces délais et ces prêts, on les place sur le même rang que le mélange du mil et de l'orge ; on peut les consommer pour soi, mais on ne peut pas vendre le mélange, ce serait une tromperie sur la marchandise.
Les délais et les prêts sont en contradiction totale avec les paiements au comptant ; mais ils permettent de réguler la circulation monétaire. C'est le but recherché.

c) Pour une association capital – travail.

Les pieux transmetteurs avancent un concept de financement qui, selon eux, n'est pas usuraire. Il s'agit d'utiliser le capital inemployé sans entraîner la ruine de ceux qui sont demandeurs. Voici un des hadiths fondateurs de ce mode d'emploi, lequel existait avant l'apparition de l'Islam.
Ce sont des opérations de commerce qui, bien que comportant un délai pour le paiement, ne sont pas considérées comme de l'usure. Par exemple :
« Mâlik rapporte dans le livre Al-Muwatta que Ibn Yâcoub rapporte de son père les propos de son grand-père : il travaillait avec les biens de Othman et que le bénéfice était partagé entre eux. »
Ce hadith fait référence au contrat de Mudaraba ou Qirad selon lequel un détenteur de capitaux avance les fonds à un exploitant qui les met en œuvre ; l'un donne son capital, l'autre son

[147] Al-Hafidh ibn Al-Hajar Al-Asqualani : Boulough Al-Marâm (La réalisation du but), Daroussalam, Ryadh, 1420 h – 1999, p 330

travail. Le régime des pertes est le suivant : si l'exploitant a suivi les règles prudentielles du détenteur de capitaux et s'il a géré en bon père de famille, les pertes sont supportées à égalité par les deux parties ; dans le cas contraire, les pertes sont à la charge de l'exploitant.

III – L'insoluble problème de l'endettement.

Les pieux transmetteurs se rendent bien compte que, du point de vue religieux, le problème de l'endettement subsiste, intact. On ne peut empêcher la constitution d'un capital indépendant des transactions commerciales. L'expansion du commerce, les bénéfices réalisés, la prospérité acquise, conduisent à la constitution d'un capital qui cherche à s'employer. La prospérité des uns conduit à la pauvreté des autres. C'est le dilemme des inégalités sociales. Une action, bonne en elle-même, conduit, par ses vertus, à une action, mauvaise par elle-même. Il est donc impossible d'éliminer l'endettement. L'usure fait partie de la vie économique. Il s'agit d'une épidémie sociale qu'il convient de traiter. Pour ce faire, trois sortes de hadiths interviennent :

1 – Des hadiths qui vont rendre licites des prêts, inévitables de par la nature des opérations commerciales, fondées notamment sur des produits agricoles.
2 – Des hadiths qui vont rendre religieusement obligatoires le remboursement de ces prêts.
3 – La défaillance d'un débiteur insolvable entraîne la responsabilité de toute la société, sommée, obligation religieuse, de lui venir en aide jusqu'au parfait paiement de la dette. (Une responsabilité collective.)
4 – Les opérations de crédit licites.

Nous allons reprendre le hadith qui donne autorisation générale de prêter et d'emprunter :

« On rapporte que le Prophète avait dit : trois choses sont bénies : la vente à un terme fixé, le prêt et le fait de mélanger le mil et l'orge pour l'usage familial et non pour la vente. »

La chaîne de transmission de ce hadith est dite faible. Il peut ne pas être pris en considération ; mais il peut l'être aussi.

Ce hadith est suivi par un propos moral qui n'est pas un hadith parce qu'il ne rapporte pas des propos du Prophète. Il a été recueilli parce qu'il annonce des interdictions de crédit :
« On rapporte de Hakim ibn Hizâm ceci : quand il accordait un prêt à quelqu'un, il lui posait des conditions : « de ne jamais investir mon argent dans l'achat de bétail, pas davantage dans l'armement et le commerce maritime ou fluvial. »[148]
Ce propos rejoint le hadith sur l'association capital-travail. Il apporte plus de précisions : le mot de prêt en argent est prononcé. Le prêt en argent devient licite pour le prêteur et l'emprunteur ; avec des conditions, cependant : le marchand, pour des opérations risquées, doit engager ses propres capitaux et ne pas recourir à l'emprunt ; il s'agit de ne pas spéculer. Le commerce du bétail et le commerce maritime sont trop aléatoires ; le bétail peut mourir en masse à la suite d'une sécheresse ou d'une épidémie ; les bateaux peuvent faire naufrage. En tout état de cause, ces deux hadiths et ce propos, dits faibles, peuvent être acceptés ou refusés par les croyants.
Toujours prudents, les pieux transmetteurs ne veulent pas s'impliquer dans une dénonciation trop visible des comportements des autorités politiques.
Les pieux transmetteurs vont faire état de hadiths portant sur des opérations de crédit spécifiques.
On observe un certain tâtonnement dans l'autorisation des crédits. Le premier autorise tous les abus :
Il s'agit de la vente en gros de dattes non encore cueillies.
« Le Messager d'Allah avait autorisé la vente des dattes non cueillies pour un poids de cinq awsoks (675 kilos environ). » [149]
Les dattes seront livrées quand elles seront mûres. On peut comprendre. L'agriculteur travaille toute l'année et n'encaisse des revenus qu'à la cueillette ; le manque d'argent peut le contraindre à emprunter pour subsister. Aussi est-ce un moindre mal pour lui que d'accepter une vente par anticipation gagée sur sa production future. Il s'agit d'une brèche énorme pour faire fructifier le capital monétaire inemployé. La vente par

---

[148] Boulough op cit p 330
[149] Abrégé de Sahih Al-Boukhari, Daroussalam, Ryad, 1999 G/1420 H p 522

anticipation est limitée ; elle ne saurait dépasser cinq awsoks. Ce hadith apporte peu de précision. [150]

Il sera corrigé par un second hadith :

« Ibn Abbas rapporte que le Messager d'Allah était venu à Médine alors que les gens avaient l'habitude de payer d'avance les prix des fruits à délivrer un ou deux ans plus tard. Il dit : Quiconque prête de l'argent pour avoir plus tard des fruits, qu'il le fasse pour une mesure et un poids définis.

Et dans une autre version : pour un délai défini. » [151]

Ces prêts répondent à une nécessité. L'agriculteur ne touche pas un salaire mensuel, s'il est son propre maître. Il doit vivre plusieurs mois sans toucher les revenus de son travail ; il doit attendre le mois de la moisson pour les céréales ou le mois de rendement de ses arbres ; il ne peut pas vendre son cheptel, parce que ses brebis, par exemple, lui donnent du lait et donc du beurre qui le nourrissent ; il doit attendre que ses brebis mettent bas pour vendre ; dans tous les cas, il ne dispose pas, sauf cas particuliers, de revenus pour nourrir sa consommation quotidienne. Cet à cet agriculteur en particulier que s'adresse le hadith ; son besoin de prêts est nécessaire et, par voie de conséquence, licite par pragmatisme. Mais ce prêt est encadré ; pour être licite, Il doit comporter le montant, bien sûr, mais aussi, avoir un objet délimité, quantifié, mesuré ; enfin, la date du remboursement doit être spécifiée. Nous nous trouvons dans l'obligation de consigner par écrit ces modalités. La date du remboursement doit coïncider avec les rentrées d'argent de l'agriculteur.

Ce hadith est étayé par le suivant :

« Ibn Abi Awfa rapporte qu'il payait d'avance les vendeurs à l'époque du Messager d'Allah, d'Abû Bakr et de Umar en contrepartie du blé d'orge, de raisins secs et de dattes. »[152]

Ce hadith précise l'utilisation licite des prêts pour des financements des campagnes agricoles, tels qu'ils existent encore de nos jours. Ces financements sont conformes aux cycles des productions de l'agriculture.

---

[150] Abrégé de Sahih Al-Boukhari, op cit, p 529

[151] Abrégé de Sahih Al-Boukhari, op cit, p 529

[152] Abrégé de Sahih Al-Boukhari, op cit, p 530

Les pieux transmetteurs n'interdisaient pas, sur le plan doctrinal, tout prêt usuraire. Cependant, les prêts consentis ne portent pas sur l'hypothèque de la propriété. Ils sont gagés sur les futures productions. Ils seront remboursés si la campagne agricole est bonne. Que se passe-t-il dans le cas contraire ?

IV – L'obligation religieuse de rembourser les dettes.

Le non remboursement des dettes est sanctionné. Lorsqu'il y avait décès, le Prophète, de son vivant, avait pour habitude de présider la prière sur les morts. Mais il s'en abstenait quand le mort laissait des dettes. Deux hadiths en apportent l'illustration.
« On rapporte d'Abi Hûrayra que quand on emmenait au Prophète un mort qui avait des dettes, il demandait : a-t-il laissé quelque chose pour payer la dette ?
Si on l'informait que le défunt avait laissé de quoi payer la dette, alors il faisait la prière mortuaire.
Sinon, il dit : priez pour votre ami. »
Sur le plan religieux, la sanction est très forte. L'entrée dans le Paradis du croyant est menacée.
Cependant, la dette peut être payée, à la place du mort, par un autre croyant. Tel est le sens du second hadith :
« On rapporte de Jabir qui disait : un homme parmi nous mourut ; alors nous lui avons fait la toilette mortuaire, nous l'avons embaumé et mis dans un linceul. Ensuite, nous sommes allés voir le Prophète pour lui demander de prier sur lui. Il fit quelques pas et dit : a-t-il une dette à payer ? Nous lui répondîmes : deux dinars.
Alors il se retourna. Abû Qatada se chargea de payer la dette. Lorsque nous revînmes au Prophète, Abû Qatada dit : je m'engage à payer les deux dinars.
Alors le Prophète dit : est-ce un dû au créancier ? Et un acquittement de la dette du défunt ? Abû Qatada répondit : oui.
Alors le Prophète fit la prière mortuaire. »[153]
Ainsi, il est permis à un croyant de se substituer au défunt et de payer ses dettes.

---

[153] Al-Hafidh ibn Al-Hajar Al-Asqualani : Boulough Al-Marâm (La réalisation du but), Daroussalam, Ryadh, 1420 h – 1999, p 319-320

Chaque société, depuis l'Antiquité, s'efforce de régler, de façon stricte, le problème du remboursement des dettes. La sécurité des paiements est à la base de la stabilité sociale. Il ne saurait y avoir de relations pacifiques entre les hommes sans une garantie morale du crédit que l'on peut faire à tout un chacun.
Cependant, depuis l'Antiquité, l'endettement a toujours été le ferment des contestations populaires. Les soulèvements viennent de l'envie de renverser les créanciers.
La dette est une convention sociale qui fonde les relations humaines et les détruit aussi bien.
Moses I. Finley en apporte la démonstration. [154]
Il rapporte que lorsque Philippe II de Macédoine, père d'Alexandre le Grand, regroupa les cités grecques en une Ligue des Hellènes, l'une des tâches importantes dévolues à ce nouveau corps fut de mettre un terme à la sédition dans le monde grec. Dans le catalogue des actes séditieux, on trouvait la redistribution des terres et l'abolition des dettes.
Selon Platon, ces deux mesures dénonçaient le tyran et le démagogue. L'œuvre de Platon, traduite en arabe, était bien connue au 3ème siècle hégirien. Il s'agit de protéger les particuliers de l'intervention du pouvoir politique dans la sphère des biens privés. La propriété privée est faite de biens fonciers et de créances sur autrui. La société est déstabilisée quand le pouvoir politique inspire la méfiance. Il faut rétablir la confiance en protégeant le propriétaire et le créancier.
En Crète, à Itanos, poursuit Finley, tous les citoyens prononçaient le serment suivant, conservé sur un pilier de marbre du début du IIIème siècle avant notre ère :
« Je ne promouvrai pas une redistribution des terres ou des maisons ou des parcelles à bâtir, ni une abolition des dettes. »
Selon une loi de Delphes plus ancienne, le simple fait de proposer l'une des deux mesures à l'Assemblée était un crime puni de malédiction. [155]
Les deux hadiths poursuivent le même objectif. Mais ils ajoutent une parade originale : la solidarité de toute la société

---

[154] Moses I. Finley, Economie et société en Grèce antique, Éditions, La Découverte, Paris, 1984
[155] Moses I. Finley op cit p 120

pour le paiement des dettes de l'un d'entre eux. C'est le concept de zakat. Nous l'aborderons dans le chapitre 8.

V – Les opérations de change sont licites.

On rapporte d'Ibn Omar qui disait : J'ai dit : Ö Messager d'Allah ! Je vends des chameaux à Baqîa en dinars et je reçois les prix en dirhams ; je vends aussi en dirhams et je reçois les prix en dinars. Donc je prends et je donne des dinars pour des dirhams et vice-versa. Alors le Prophète lui dit : « Il n'y a point de mal si tu les prends au prix du cours du jour et si vous vous séparez alors qu'il n'y a aucune dette entre vous ». (Hadith apporté par les cinq et qualifié d'authentique par Al Hâkim [156])
Il ne s'agit pas de prêt, mais de transaction sur les monnaies au comptant. A l'époque des pieux transmetteurs, la partie byzantine de Dar al-Islam réglait ses transactions avec des dinars, monnaie en or ; tandis que la partie iranienne se servait de dirhams, monnaie en argent. Les flux de marchandises d'une zone monétaire à l'autre étaient incessants ; le change devait être une source immense de profits ; le change n'était pas réglementé et donc obéissait à la confrontation de l'offre et de la demande. Le hadith interdit le change à terme, qui aurait permis de stabiliser les cours de change. Par conséquent, est licite un cours de change très spéculatif, sujet, sans doute à d'amples variations. Les profits de change devaient être supérieurs au profit sur les marchandises. Nous sommes ici à la limite des opérations bancaires ; sans doute le cours des changes devait-il être traité par des spécialistes acceptés par les marchands. Les grandes villes de l'islam possédaient un marché de l'argent, Suk es-Sagha. Les arbitragistes de Suk es-Sagha, prêtaient leurs excédents au Trésor Public.

VI – Une société de contrats.

Ici intervient une règle importante, instaurée par le Coran : il ne saurait y avoir de prêt sans contrat. Lequel contrat doit stipuler toutes les conditions pour permettre à un juge de le faire

156 Boulough al-Maram, op cit, Page 290 n° 670

appliquer s'il y a contestation. Le contrat devient la base de toutes les transactions financières. L'écrit s'impose. On quitte la civilisation de l'oralité vers celle de l'écrit grâce aux transactions marchandes. Un marchand doit savoir lire et écrire. Il doit savoir réunir un maximum d'informations avant de s'engager. Mais il y a souvent inégalité dans la connaissance des informations nécessaires pour s'engager. Un agriculteur connaît mieux sa propriété que celui qui s'associe avec lui, par exemple. Le manque d'informations donne naissance à un aléa moral. Le contrat, par ses stipulations, limite l'information imparfaite des contractants. L'information est la clé des bonnes transactions. [157]

VII – Du dogme à la réalité. [158]

Nous allons quitter un instant, le champ de la doctrine pour observer ce qui se passe dans la pratique. Une courte étude de Massignon permet d'avoir une vue d'ensemble sur la pratique de l'usure au 3ème siècle hégirien.

Tandis que les pieux transmetteurs s'échinaient à collecter les hadiths auprès des descendants de ceux qui en avaient connaissance, l'activité marchande de l'empire ne suivait pas la voie tracée par la doctrine idéale.

Louis Massignon a étudié le règne du Calife Al-muqtadir (908-932.) Il a mis en évidence le rôle de « banquiers de la Cour », deux ou trois brasseurs de sommes importantes. Ceux-ci faisaient des avances mensuelles au Trésor en affermant tout ou partie de l'impôt foncier. Ces agents officiels s'associaient à d'autres marchands pour constituer des groupes de bailleurs de fonds capables de financer des opérations de grande envergure, organisation de caravanes régulières à travers le désert, expéditions maritimes partant à la recherche d'esclaves en Afrique ou d'objets précieux aux Indes et en Chine, explorations et prospection par caravanes au Soudan oriental ou en Asie non musulmane.

---

157 Abrégé de Sahih Al-Boukhari, Daroussalam, Ryad, 1999 G/1420 H., p 529

158 Louis Massignon, Opéra minora, t 1. Dar al-Maaref, Beyrouth, 1963

L'affermage des impôts était une nécessité : les dépenses étaient quotidiennes tandis que les rentrées étaient principalement annuelles. Les recettes du Trésor obéissaient aux cycles agricoles. [159]

Pendant ce temps, des insurrections populaires de travailleurs agricoles et urbains revendiquaient la pleine égalité sociale promise par la religion. On observait une grande concentration de la main-d'œuvre et également une grande concentration de capitaux et de terres agricoles. Le capital usuraire avait eu raison des petits agriculteurs, de petits artisans et commerçants. Cette concentration de capitaux et de terres agricoles facilitait les avances au Trésor : les capitaux existaient et les terres agricoles à donner en gage aussi ; ceci grâce aux produits de l'usure.

L'Etat empruntait à 30% semble-t-il. Les gouvernants s'associaient aux divers marchands pour prêter à ce même Etat. L'usure était source d'enrichissement des hommes politiques.

La doctrine se posait en opposition à la pratique, ce qui, parfois, conduisait aux conflits politiques. La doctrine demeurait un principe de bonne gestion des finances privées et publiques. Ce n'était pas le cas. Mais la doctrine triomphait quant à l'équilibre budgétaire. Le principe du remboursement des dettes demeurait. Quand le calife mourait, il ne devait pas laisser de dettes. Le Trésor se trouvait en équilibre. Cette règle a duré. Au 14ème siècle, Ibn Khaldun l'a observée dans les finances des principautés du Maghreb Central.

---

159 Cette pratique est toujours utilisée au 21ème siècle ; elle a américanisé son nom ; elle s'appelle désormais des I O U, (I Owe You, « je vous dois », monnaie gagée sur les rentrées fiscales.

Chapitre 8

La doctrine de la régulation du marché.

Les pieux transmetteurs ont révolutionné la société. Ils ont offert la liberté et l'égalité à des millions d'artisans, d'agriculteurs et de marchands maintenus en servage pendant des siècles en Perse et dans l'empire byzantin. Aux Juifs, ils ont permis le retour à Jérusalem après plus de trois siècles d'interdiction. A ces anciens asservis, ils ont délivré les règles du bon commerce en organisant le marché par la libre concurrence, la liberté des prix et la monétarisation des transactions. Ils ont rendu des hommes libres pratiquant librement leurs métiers à l'abri des décisions bureaucratiques, lesquelles entravaient l'essor du commerce et maintenaient les hommes asservis dans la pauvreté. Les pieux transmetteurs ont créé les conditions de la prospérité des membres d'une société, qu'ils soient musulmans ou pas. Nous avons essayé d'expliquer leur démarche tout le long des chapitres précédents.

I – Les défaillances du marché.

Nous allons assister, à présent, dans ce chapitre, à un tournant inattendu de leur pensée. Ce monde prospère qu'ils viennent de créer ne comble pas leur attente. Ils ont remarqué que ces nobles principes, ces belles vertus avaient une contrepartie. La satisfaction jumelée des producteurs et des consommateurs était entachée par une certaine disqualification ; nombre de personnes n'avaient pas accès au statut de producteur ou de consommateur ; ou bien, avaient perdu cet accès par suite des infortunes du sort.

Ils ont constaté que la pauvreté est consubstantielle à la prospérité, qu'on ne pouvait traiter l'une sans traiter l'autre.

En d'autres termes, les règles énoncées ne suffisent pas à entretenir la prospérité pour tous, les mécanismes du marché ne fonctionnent pas toujours.

Selon le Coran, l'homme est né faible dans une société inégalitaire. Il ne faut se résigner ni à cette faiblesse ni à cette inégalité. Il faut créer un mécanisme d'équilibre. Il faut donner une chance à ceux qui n'en ont pas.
Partant d'un autre point de vue, les pieux transmetteurs constatent que l'institution de la libre concurrence, l'interdiction des monopoles, de l'accaparement, des fausses enchères ne suffisent pas à moraliser le marché. Malgré les précautions prises, le prix juste est un idéal hors d'atteinte, même dans l'abstrait. Le rapport de force entre producteurs et consommateurs penche toujours en faveur des uns ou des autres. Le prix juste n'existe pas. C'est manquer de probité que d'affirmer qu'il existe un prix juste. Il n'existe que des prix de convenance acceptés par le vendeur et l'acheteur. C'est pourquoi ces dures lois du marché sont en partie responsables des infortunes des perdants. Le monde ainsi créé est un monde sans pitié ; mais on ne peut pas vivre sans pitié.
Les perdants sont parfois responsables de leur infortune. Les pieux transmetteurs sont conscients que leurs règles ont échangé la certitude de l'oppression des serfs de jadis par l'incertitude du risque assumée par les hommes libres.
C'est pourquoi, le principe de responsabilité n'est pas pris en considération. Même responsables de leur pauvreté, les perdants ont droit à une seconde chance.
Le profit reste bon, le marché demeure une nécessité, leur régulation s'avère nécessaire. Une nouvelle reformulation du marché devient une exigence.
Dans le marché – et plus généralement, dans l'échange social fondé sur le marché – les individus se rencontrent en tant que sujets rationnels libres, mais ces hommes sont plongés dans le réel, menacés par des dangers concrets, victimes de contraintes diverses ; ils font face par des actions également concrètes. Leur liberté se mesure à l'aune de ces contraintes.
Le marché est aussi le domaine de la fraude et du mensonge ; le marchand le plus honnête ne peut s'exonérer de la possibilité d'une fraude, même non voulue et même combattue. Le simple fait qu'il y ait des perdants prouve que les relations n'ont pas été égalitaires.

Dans l'échange marchand, les deux actes complémentaires se produisent simultanément (je paie et j'obtiens ce que j'ai payé), de sorte que l'acte d'échange ne conduit pas à l'établissement d'un lien social permanent, mais à une simple transaction rapide entre des individus qui, aussitôt après, retournent à leur solitude.
Nous l'avons déjà remarqué dans les chapitres précédents, la schizophrénie de la production et de la consommation, de l'offre et de la demande scinde le producteur tout autant que le consommateur.
En outre, le producteur, marchand ou artisan, est pris en tenaille entre les demandes des salariés (début d'un contrôle interne) et les exigences des consommateurs (contrôle externe).
On assiste à la naissance de l'aliénation : chaque intervenant dans le marché voit se retourner contre lui, le fruit de sa liberté.
L'homme est à la fois producteur et consommateur ; ses intérêts sont contradictoires ; en tant que producteur, il souhaite vendre au prix le plus haut possible ; en tant que consommateur, il recherche le prix le plus bas possible. Cette contradiction illustre l'impossibilité de connaître le prix juste.
Le marché devient un champ miné d'incertitudes et de doutes, aux fins et moyens souvent désajustés. Il convient de le réguler. Ce sera le rôle de la zakat.

II – La régulation du marché : L'institution de la zakat.

Les pieux transmetteurs ont institué un régime doctrinal abstrait d'égalité et de liberté limité aux interventions libres dans le marché entre personnes libres. Ils ont cru trouver un moyen de limiter les débordements des hommes libres en contrôlant leur liberté par la zakat. Après l'exposé doctrinal des faits, nous abordons le domaine doctrinal de l'équité.
La zakat est un des cinq principes fondamentaux de la religion musulmane, à égalité avec la profession de foi, la prière, le jeûne du mois de ramadan et le pèlerinage.

a) l'enseignement coranique.

La sourate 83 est la sourate phare de notre propos. Ses trois premiers versets donnent une version saisissante de l'homme condamné au travail :
« Malheur aux fraudeurs qui, lorsqu'ils font mesurer pour eux-mêmes exigent la pleine mesure, et qui lorsqu'eux-mêmes mesurent ou pèsent pour les autres, (leur) causent des pertes. » [160]

Ces trois versets illustrent la tragédie de l'homme qui a des intérêts inconciliables entre sa qualité de producteur et celle de consommateur.
L'homme, dit le Coran, est fait pour une vie de lutte. Il vise à se nourrir, à se vêtir, à se loger, à procréer, à instruire sa progéniture et à assurer sa vieillesse, quand viendra le temps où il ne pourra plus produire.
De la sorte, chaque être humain effectue des millions d'opérations et ce, jusqu'à sa mort.
On observe que certains réussissent à atteindre cet objectif de survie, tandis que d'autres n'y parviennent pas. Le Coran s'intéresse à ceux qui n'y parviennent pas.
Dans la vie quotidienne, le sang, la sueur, la douleur, la mort ne sont pas des idées ; ce sont des actions concrètes ; elles demandent des solutions concrètes.
Pour s'en sortir et concilier ses impératifs, l'homme est enclin à tricher. Mais la fraude est maudite. Voici l'homme paralysé dans son activité. Quoi qu'il fasse, son profit est entaché de fraude ; comment peut-il bien mesurer ? Aucune mesure ne peut être parfaitement exacte.
Le Coran offre une porte de sortie annoncée par ce verset :
« Et dans leurs biens, il y avait un droit au mendiant et au déshérité. » sourate 51, verset 19.
Les biens des possédants sont une garantie et une assurance à ceux qui sont démunis. Un droit existe que les pauvres possèdent sur les revenus des riches.
Tel est le sens de ces deux versets de la sourate 70 : Al-Ma'rij (Les voies de l'ascension) :

---

[160] Sourate 83, versets 1 – 2 – 3

Verset 24 : (Les hommes pieux) et sur les biens desquels il y a un droit bien déterminé (la zakat),
Verset 25 : pour le mendiant et le déshérité. »
La zakat est un droit imprescriptible. La zakat vient d'entrer dans notre exposé subrepticement.

b) Une fonction distributive comme régulation du marché.

Ce prélèvement a une fonction distributive en faveur des démunis. La distribution est la suivante :
Sourate 9, At-Tawbah (Le désaveu ou le repentir), verset 60 :
« Les sadaqats ne sont destinés que pour les pauvres, les indigents, ceux qui y travaillent, ceux dont les cœurs sont à gagner, l'affranchissement des jougs, ceux qui sont lourdement endettés, dans le sentier d'Allah, et pour le voyageur (en détresse). C'est un décret d'Allah ! »
Les sadaqats, autre nom de la zakat, constituent les montants transférables aux démunis. Ceux-ci sont limitativement fixés.
Il est temps de donner une formulation moderne à ces paroles antiques – mais toujours actuelles – du Coran
Le verset 60 de la sourate 9 énumère la liste limitative des bénéficiaires de la zakat ; elle comprend :
Les pauvres sont ceux qui n'ont rien ;
Les indigents sont ceux qui n'ont pas de revenus suffisants pour vivre ;
Ceux qui y travaillent : ce sont les personnes qui s'emploient à percevoir la zakat et à la verser aux bénéficiaires ; la zakat ne peut pas être versée directement par le bienfaiteur au bénéficiaire ; elle doit transiter par une personne indépendante, ceci pour qu'elle perde son caractère d'aumône.
Ceux dont les cœurs sont à gagner : le produit de la zakat peut servir à régler les relations de bon voisinage ; il peut acheter le calme aux frontières ; il est destiné à ceux qui ne sont pas musulmans, un gage de paix.
La zakat permet aux Musulmans de soigner leurs relations avec les populations voisines qui n'adhèrent pas à l'Islam. Il ne s'agit pas, dans ce cas, d'aider des pauvres ; la zakat permet une coopération matérielle ou financière afin de maintenir la

sécurité dans les frontières de manière non violente. La zakat pour le bon voisinage.
L'affranchissement des jougs : Le produit de la zakat sert également à racheter des esclaves pour les libérer. La zakat permet l'affranchissement des esclaves (les jougs). Il est explicitement admis que le destin des esclaves est d'être affranchis. Les soldats faits prisonniers étaient réduits à l'esclavage jusqu'au paiement d'une rançon ; certains n'y parvenaient pas. La zakat permet de payer la rançon et de libérer le prisonnier. Ceci, au temps de la Révélation.

Ceux qui sont lourdement endettés, dans le sentier d'Allah : l'expression « dans le sentier d'Allah » a été ajoutée au texte en français ; elle n'existe pas dans le texte arabe.
Le Coran interdit l'usure ; cette interdiction est générale et ne souffre pas d'exceptions. Cependant, la tentation ou la nécessité de s'endetter existent pour bon nombre de personnes ; les insolvables ne sont pas jugés mais aidés ; la zakat leur offre une porte de sortie ; ils peuvent être aidés à se réhabiliter. Le devoir religieux consiste à aider le débiteur insolvable à se désendetter.
« Dans le sentier d'Allah » : certains exégètes avancent l'idée que la zakat ne bénéficie qu'à ceux qui se sont endettés et ont acheté des armes pour défendre la religion ; Mais le verset a un caractère d'ordre général ; les hadiths le suivent et étendent la zakat à tous les débiteurs insolvables.
Pour le voyageur (en détresse) :
La zakat peut soulager le voyageur démuni, l'émigré, le proscrit, l'errant et, de façon générale, l'étranger sans ressources. Un devoir d'hospitalité s'impose dans un pays où sévit une famine endémique dans lequel les errants sont nombreux ; ce sont parfois des poètes de haute valeur qui se considèrent comme des aristocrates fiers de leur misère.
L'ensemble du système de la zakat repose sur ses agents à la fois collecteurs et distributeurs. La compilation des hadiths nous permet de supposer qu'il n'existait pas un corps organisé d'agents. La collecte se faisait par des personnes connues ayant des relations avec le Prophète. La distribution se faisait en évaluant la capacité du bénéficiaire à mener à son terme un projet capable de le sortir de la pauvreté. Le risque, en effet, est

grand de voir le produit de la zakat servir à la consommation plutôt qu'à la production. Il fallait avoir une formidable confiance dans la nature humaine pour prêter sans garantie un capital à des personnes dans le besoin immédiat. La tentation est grande qui favorise le gaspillage et les détournements. La zakat n'a pas disparu pour cause d'inefficacité, il faut croire que son impact était bon.

III – Le seuil de pauvreté, déclencheur du transfert de revenus.

a) Définition de la pauvreté.

Ici intervient la définition du pauvre telle qu'elle est donnée par les hadiths. La pauvreté est donnée comme une situation provisoire. L'homme peut y remédier avec ou sans l'aide de la zakat.

Selon Abû Huraira, le Prophète fut questionné sur la plus belle des sadaquats (synonyme de zakat) : celle qui est consentie par le pauvre, répondit-il.[161]

Un pauvre, dispensé de la zakat, peut aider plus pauvre que lui. Il aura un grand mérite.

Le mendiant permanent (professionnel) est mal vu, désapprouvé par le Prophète :

Selon Ibn 'Umar, parole du Prophète : L'homme continue de demander l'aumône jusqu'à qu'il perde tout respect et toute considération lors du Jour du Jugement.[162]

Un homme robuste ne saurait profiter de la zakat ; il n'est ni malade, ni de faible constitution ; il est capable de travailler. Tel est le sens de ce hadith :

« Selon un Compagnon, deux hommes de robuste apparence avaient demandé l'aumône au Prophète. Celui-ci leur dit : Je vous fais l'aumône si vous le désirez ; en principe l'homme robuste et l'homme riche peuvent gagner leur vie et ne bénéficient pas de la zakat. »[163]

---

[161] Boulough al Maram, op cit, p 225

[162] Boulough al Maram, op cit, p 227

[163] Boulough al Maram, op cit, p 229

Le Prophète a donné une définition de la pauvreté :
« Le prophète a dit : la mendicité n'est autorisée qu'à trois personnes : un homme endetté jusqu'au remboursement de sa dette s'il promet de ne plus s'endetter ; un homme ruiné par une infortune jusqu'à ce que sa situation se rétablisse ; enfin, un homme dont la pauvreté est attestée par trois adultes doués de raison parmi les siens et ce, jusqu'à ce que sa situation se rétablisse. »[164]
La mendicité est un état provisoire qui se résorbe par le travail. Les conditions économiques permettaient sans doute cette vision optimiste de la pauvreté qui conduit jusqu'à la mendicité. La zakat doit être prélevée avec discernement et distribuée avec encore plus de discernement. Il fallait évaluer les possibilités du bénéficiaire de mener son projet à terme. Les dons par la zakat ont une certaine souplesse ; ils peuvent s'étaler sur plusieurs années si l'effort demandé est continu. Ils sont une assurance contre la conjoncture. Il n'est pas demandé de remboursement aux bénéficiaires. Il leur est demandé de se suffire à eux-mêmes pour ne plus être dans le besoin.
Comment choisit-on les bénéficiaires de la zakat ? Les hadiths donnent un certain nombre de réponses.
Le hadith suivant fournit une réponse à caractère général :
« Selon Abû Huraira, parole du Prophète : Commence par ceux dont tu as la charge. »[165]
Un second hadith rapporté par Abû Huraira apporte plus de précisions :
« Un homme interrogea le Prophète sur les modalités de la zakat. L'homme déclara posséder un dinar. Le prophète lui recommanda de le garder pour lui. L'homme poursuivit : et si j'avais un second dinar ? Remets-le à ton fils, fut la réponse. Et dans le cas d'un troisième dinar ? Remets-le à ta femme. Un quatrième dinar ? Il sera pour le domestique. Un cinquième dinar ? Tu te fieras à ton jugement pour en faire l'aumône. »[166]
Le fils, la femme et le domestique ont la priorité pour l'attribution de la zakat.

---

[164] Boulough al Maram, op cit, p 317
[165] Boulough al Maram, op cit, p 225
[166] Boulough al Maram, op cit, p 225

Comment expliquer cette priorité ? Priorité, rien de plus naturel que d'aider son fils, sa femme et son domestique. Mais si cette priorité est posée, c'est qu'elle était menacée. Jusqu'ici, les hadiths sur la propriété et les transactions marchandes incitaient à l'individualisme. Mais point trop n'en faut. La zakat atténue l'individualisme en réhabilitant la famille. La zakat pour les membres de la famille sera souvent bien acceptée par les contributeurs.

Dans ce hadith, il n'est fait mention ni des parents, ni des frères et sœurs. Ils sont englobés dans le « cinquième dinar. » L'approche est très prudente. Cette prudence est renforcée quand il ne s'agit pas de parents, comme le souligne le hadith rappelé ici :

« Enfin, un homme dont la pauvreté est attestée par trois adultes doués de raison parmi les siens et ce, jusqu'à ce que sa situation se rétablisse. »[167]

La zakat permet ce rétablissement. Plus on s'éloigne de la famille biologique, plus on risque de se tromper sur la capacité des bénéficiaires à se régénérer. Les risques de se tromper sur les bénéficiaires sont bien bordés. Et pourtant cela arrive. On est toujours en manque d'informations.

Les agents rémunérés par la zakat prélevaient le montant de la zakat chez les donateurs et réparaient les dégâts que les usuriers pouvaient causer. Si l'usure est interdite par la religion, il semble que le métier d'usurier était protégé par la doctrine des libertés fondamentales. Les prêts sans intérêt de la zakat n'ont pas fait disparaître les usuriers. En délogeant les petits propriétaires de leurs terres, les usuriers procédaient à la concentration des terres, propice à l'investissement de grands capitaux.

On constate une absence : les victimes de catastrophes naturelles ne sont pas éligibles à la zakat. La zakat a pour objectif de soulager la pauvreté produite artificiellement par les rapports sociaux. L'exploitation de l'homme par l'homme étant une réalité, la zakat lui apporte un début de solution, tout à fait partielle, comme le souligne le Coran.

---

[167] Boulough al Maram, op cit, p 317

Plus de mille ans avant Hegel, la zakat crée un droit de détresse dont l'Etat n'est pas le garant ; les Musulmans, dans leur ensemble, en sont les garants. La zakat instaure la solidarité de tous pour venir au secours des perdants dans une société.

b) Les modalités pratiques de la zakat.

La zakat est une pratique religieuse toujours vivace en ce début du 21ème siècle. Le Coran est muet quant à ses modalités pratiques. Les hadiths ont rempli ce vide, vide sans doute volontaire ; les modalités pratiques ne peuvent être fixées pour l'éternité ; elles changent suivant les générations et les siècles. Nous allons voir comment elles ont été fixées au 3ème siècle de l'hégire.

Définition de la zakat :
« On rapporte d'Ibn Abbas que la Prophète avait envoyé Mou'hadh au Yémen. Ibn Abbas cita le hadith dans lequel on trouve : Allah leur a prescrit l'aumône légale sur leurs biens. Elle sera prélevée sur les biens des riches et distribué aux pauvres. »[168]
Cette définition rejoint celles données par le Coran. Le Prophète et sa famille ne sont pas éligibles au produit de la zakat.
L'aumône légale est la traduction française, bien imparfaite, du mot zakat. On utilise aussi l'expression impôt purificateur. La zakat n'est pas un impôt collecté par l'Etat, (il le deviendra dans la suite des siècles). La zakat n'est pas la charité. Elle n'est pas un acte de bienfaisance. Le pauvre ne doit rien au riche qui la pratique. En fait, la zakat n'a pas de traduction ; il vaut mieux conserver le mot arabe.

IV – Le seuil de pauvreté, déclencheur du transfert de revenus.

Il est institué un seuil de pauvreté, appelé nisab en arabe, qui permet d'identifier les bénéficiaires de la zakat. Ce seuil de pauvreté fait l'objet de très nombreux hadiths.

---

[168] Boulough al Maram, op cit, p 210

Il existe de nombreux seuils de pauvreté. Ils sont, entre autres, énumérés et détaillés dans une lettre, formant hadith, d'Abou Bakr, premier calife de l'Islam. Le prophète est décédé et le califat d'Abou Bakr a duré deux ans. Cette lettre suit de très près la période de la révélation. Dans le fait, elle réunit plusieurs hadiths du Prophète qui traitent de certaines prescriptions de la zakat, mais pas de toutes ; la lettre d'Abou Bakr a l'avantage d'offrir un panorama quasi complet pour l'époque étudiée. La méthode employée est plus importante que les résultats qui en découlent ; ces derniers varieront avec le temps.

Voici les prescriptions d'Abou Bakr :

La zakat n'est pas à prélever sur le propriétaire de quatre chameaux et de moins. Ce propriétaire n'est pas considéré comme étant riche. Voici un seuil de pauvreté concernant les propriétaires de chameaux. Mais, nous l'avons vu, il est méritoire pour un homme dispensé de la zakat, d'y souscrire quand même.

Pour les autres propriétaires de chameaux, le prélèvement au titre de la zakat se fait de la manière suivante :

« Le propriétaire de 24 chameaux offrira, en guise d'aumône légale, une brebis pour chaque groupe de cinq chameaux. »

On voit bien qu'il y aura quatre brebis et il restera un rompu de quatre chameaux ; à la fin de sa lettre Abou Bakr traite des rompus lesquels seront soldés par de la monnaie.

Le propriétaire de 36 chameaux verra son aumône légale portée à une chamelle de deux ans ; à défaut un chamelon de trois ans.

L'aumône légale du propriétaire de 45 chameaux se montera à une chamelle de trois ans.

Le propriétaire de 60 chameaux offrira une chamelle de quatre ans ; celle-ci est capable de se reproduire.

Celui qui possède 75 chameaux sera assujetti à une aumône légale représentant une chamelle de cinq ans.

86 chameaux nécessiteront un prélèvement de deux chamelles de trois ans.

Celui qui possède entre 91 et 120 chameaux prélèvera deux chamelles de quatre ans.

Si le nombre de chameaux est supérieur à 120, leur propriétaire devra prélever une chamelle de trois ans pour chaque quarante têtes et une chamelle de quatre ans pour chaque cinquante têtes. Ici s'arrête l'énumération pour ce qui concerne les chameaux. Ce luxe de détails montre la progressivité de la zakat. Chacun est sollicité selon l'importance de son troupeau. La zakat prélève sur le capital d'une économie pastorale, importante à cette époque.
La lettre d'Abou Bakr énumère aussi les montants de la zakat pour les propriétaires d'ovins.
Le seuil de pauvreté : La zakat n'est pas exigible pour le propriétaire de 39 moutons ou de moins.
La lettre d'Abû Bakr établi la liste des assujettis :
Il faut offrir une brebis si le troupeau de moutons est composé de 40 à 120 têtes, Deux brebis pour les troupeaux qui comptent entre 200 et 300 moutons.
Si le nombre de moutons dépasse 300, le propriétaire se doit d'offrir une brebis pour chaque 100 têtes.
La règle de la progressivité joue aussi pour les troupeaux d'ovins. Les propriétaires dispensés de la zakat sont bien définis par le nombre de bêtes qu'ils possèdent.
La lettre énonce des dispositions diverses telles que :
Les manipulations de ces quotités sont interdites. Si le troupeau est la propriété de deux ou plusieurs associés, ils n'ont pas le droit de les scinder suivant le montant de leur participation. Les propriétaires n'ont pas le droit non plus de se regrouper pour payer la zakat. Dans les deux cas, il peut y avoir une tentative de fraude pour diminuer le nombre de têtes à fournir au titre de la zakat.
De même, le propriétaire doit s'abstenir d'offrir de vieilles bêtes ou des bêtes présentant un handicap. Pour sa part, le bénéficiaire ne doit pas tout exiger du meilleur du troupeau.
Au vu de ces énumérations, on constate que la zakat n'a pas pour but de fournir de la nourriture pour les pauvres ; il leur est offert des bêtes capables de composer un début de cheptel ; les chamelles et les brebis sont faites pour se reproduire, non pour être immolées. Une opportunité est ainsi offerte aux démunis pour devenir propriétaires. Tel est le sens profond de la zakat : mettre fin à la mendicité en fournissant aux démunis les moyens

de se prendre en charge et ne plus dépendre d'autrui pour leur gagne-pain.

La lettre d'Abou Bakr poursuit son énumération par l'examen de la zakat qui frappe les espèces monétaires. Elle stipule : Il convient de prélever le quart du dixième de deux cents dirhams. Il n'est pas fait mention de progressivité ; cela est sans doute l'indice d'une économie faiblement monétarisée.

Le seuil de pauvreté : les espèces d'un montant inférieur à 200 dirhams ne doivent pas la zakat. On est considéré comme pauvre quand on dispose de moins de 200 dirhams. La lettre d'Abou Bakr dispose qu'on est pauvre quand on a 199 dirhams et moins.

Enfin, la lettre d'Abou Bakr donne deux exemples de traitement des rompus.

Lorsque la zakat prévoit le prélèvement d'une chamelle de cinq ans et que celle-ci manque, l'assujetti peut la remplacer par une chamelle de quatre ans à laquelle il ajoutera deux brebis, ou, à défaut, la somme de 20 dirhams.

Deuxième exemple : si celui qui doit prélever une chamelle de quatre années, mais ne possède qu'une chamelle de cinq années, il pourra la donner ; en contrepartie, le bénéficiaire lui remettra deux brebis ou bien la somme de 20 dirhams.

De la sorte, la zakat relève aussi de la transaction.

Détail important, nous savons que la brebis vaut 10 dirhams. Rappelons que le dirham est la monnaie d'argent. Le dinar est la monnaie d'or.

Ainsi se termine la lettre d'Abou Bakr. [169] Elle n'épuise pas le sujet. Mais elle délivre des renseignements précieux en ce qui concerne l'économie de ce temps.

Un autre hadith signale que la zakat n'est pas à prélever sur les bovins utilisés pour les travaux des champs ou le transport.

Les marchandises vendues sont soumises à prélèvement, mais le hadith n'indique pas la quotité [170]

Un autre hadith précise que le Prophète prélevait la zakat sur les ressources minières d'un lieu-dit Al Qubalya localisé sur la côte

---

[169] Boulough al Maram, op cit p 216

[170] Boulough al Maram, op cit p 221

à une distance d'Al-Madina de cinq jours de voyage par chameau. [171]
Un autre hadith fait dire au Prophète : on prélève le dixième (1/10ème) sur les cultures à sec et on prélève le vingtième sur les cultures irriguées. (1/20ème)
Nous venons de voir la zakat prélevée sur le capital. Un autre hadith applique la zakat aux personnes.
La zakat est prélevée aussi sur les personnes :
Ce prélèvement a lieu chaque année lors de la fête de la rupture du jeûne marquant la fin du mois de ramadan. Il s'opère sur les habitants d'une maison ou d'une tente, sans exception, hommes femmes, enfants, domestiques et esclaves. Le prélèvement s'élève à un sa (3 kilos, environ) de dattes ou d'orge pour chaque personne. Un hadith ajoute un sa de raisin à cette liste ; encore un ajout par hadith qui ajoute un sa de fromage. [172]
Un hadith traite des cas d'erreurs sur le bénéficiaire de la zakat. Abou Houraïra rapporte que, par erreur, le bénéfice de la zakat a été attribué à un voleur ; à une femme de mauvaise vie ; à un riche. Cette attribution erronée est cependant licite et peut produire des effets bienfaisants ; en effet, dit le hadith, le don à un voleur peut l'inciter à ne plus voler ; le don à une femme de mauvaise vie peut la faire changer de comportement ; le don fait, par erreur, à un riche, peut l'inciter à prélever la zakat sur ses biens et la remettre à ceux qui en ont besoin. Ce hadith s'inscrit dans la même logique que les premiers cités ; il s'agit de réparer quelque peu les dommages causés à autrui par la société. Le voleur, la femme de mauvaise vie, le mauvais riche relèvent des rapports entretenus au sein d'une société.[173]
Une exception à l'universalité de la zakat, le cas du propriétaire endetté : le remboursement de la dette a priorité sur le prélèvement de la zakat. « On ne peut pas dilapider le bien des gens. »[174]

---

171 Boulough al Maram, op cit p 232
172 Boulough al Maram, op cit p 232 – 233
173 Abrégé Boukhari, p 375 - 376
174 Sahih Al – Boukhari, Tome 2, Al maktaba al assrya, Beyrouth, 1430 h - 2009, p292

Les sanctions :
La zakat est un des cinq piliers de la religion musulmane. Elle est la manifestation de la solidarité entre les croyants.
Des sanctions sont prévues à l'encontre des croyants qui ne pratiquent pas la zakat.
Les propos qui vont suivre sont attribués au Prophète par Abou Houraïra, un des transmetteurs, compagnon du Prophète.
Selon Abou Houraïra, le Prophète a stigmatisé le non-paiement de la zakat en ces termes :
« Le jour de l'Heure, celle du jugement dernier, les chameaux piétineront leur propriétaire ; les moutons en feront de même avec leurs cornes et leurs sabots.
Les animaux ainsi lésés par le propriétaire fautif s'adresseront au Prophète et lui demanderont d'intercéder en leur faveur. Mais le Prophète ne peut intercéder ; son rôle est de délivrer un message. » Voici le hadith. [175] Il appelle deux réflexions. Il s'agit d'une sanction symbolique réservée à celui qui craint Dieu. Elle est sans effet pour l'incroyant. La peine édictée ne préjuge pas du jugement de cette mauvaise action. Elle reste du ressort de Dieu. Le croyant qui a lu le Coran sait que la société humaine a été créée inégale pour les biens matériels ; la zakat corrige quelque peu ce mal endémique de la société. La faute est aux riches si des êtres humains sont pauvres. Cette faute peut être consciente ou inconsciente. Le riche peut abuser de sa force ; il peut aussi exploiter les erreurs involontairement commises par le pauvre ; il y a lésion dans les deux cas ; elle demande réparation ; cette lésion abîme le tissu social ; la zakat le répare. Elle doit réparer en priorité les dégâts de proximité. C'est ainsi que l'entend le hadith
Sur un autre plan, ce hadith poursuit une réflexion du Coran : les animaux doivent être traités comme des êtres humains ; avec le même respect, les mêmes égards ; ces animaux peuvent être nos alliés ou, au contraire, nos adversaires, selon la façon dont ils ont été traités. Il importe de bien traiter les animaux comme étant des créatures de Dieu. Ils ont voix au chapitre le jour du Jugement.

---

[175] Résumé de Sahih Al-Boukhâri, compilation de Al – Imam Ahmad et de Az-Zoubaïdi, Editions Daroussalam, Ryad, 1420h/ 1999, p 372

Le principe est que la sanction ne saurait relever d'un pouvoir administratif ; aucune contrainte, aucune violence ne doivent être exercées contre les fautifs. Le croyant règle, seul, son tête-à-tête avec Dieu.
Un second hadith insiste sur la dimension symbolique de la sanction. Selon Abou Houraïra, les biens qui n'ont pas acquitté la zakat, se transformeront, le jour du Jugement dernier en un serpent venimeux qui étouffera le pécheur et lui déclarera : je suis ta richesse. Ainsi, même les biens qui ne sont pas des êtres vivants auront leur mot à dire ; on pense au capital monétaire et aux produits de l'agriculture. [176] Un troisième hadith ouvre cependant une brèche dans cette disposition symbolique de la sanction.
Abou Houraïra, toujours, rapporte que lorsque le Prophète rendit l'âme, plusieurs Arabes apostasièrent. Abou Bakr, le premier calife du Prophète ne pouvait les accuser d'apostasie, ce crime ne relevant pas de la justice des humains, mais de celle de Dieu, selon le Coran. Abou Bakr décide que la zakat versée au Prophète devait continuer à être versée. Ignorant l'apostasie, il combattit les apostats pour non versement de la zakat. Ils furent vaincus et la zakat fut prélevée. [177]
Progressivement, la zakat fut incorporée dans les budgets publics des dynasties, ce qui provoqua des débats qui durent encore de nos jours, en 2017.

V - Essai d'évaluation de la pauvreté au temps du Prophète.

Revenons aux renseignements chiffrés délivrés par la lettre d'Abou Bakr.
Le propriétaire de quatre chameaux ou de moins est dispensé du prélèvement de la zakat. Cela signifie qu'il n'est pas considéré comme riche.
Il en est de même pour le propriétaire de 39 moutons ou de moins.

---

[176] Résumé de Sahih Al-Boukhâri op cit p 373
[177] Résumé de Sahih Al-Boukhâri op cit p 371

S'agissant des espèces monétaires, la lettre d'Abou Bakr spécifie que celui qui possède moins de 200 dirhams n'est pas éligible au prélèvement de la zakat.
Ces chiffres nous donnent une définition matérielle, chiffres à l'appui, de la pauvreté.
Cependant, il existe un hadith qui donne une définition du riche et du pauvre. Le voici :
« A partir de combien est-on "riche" ?
Sur ces paroles du Prophète : il ne trouve pas le moyen d'accéder à la richesse. Dieu dit : et le Prophète cite le verset 273 de la sourate II :
« Aux nécessiteux qui se sont confinés dans le sentier de Dieu, ne pouvant pas parcourir le monde, et que l'ignorant croit riches parce qu'ils ont honte de mendier – tu les reconnaîtras à leur aspect - ils n'importunent personne en mendiant. Et tout ce que vous dépensez de vos biens, Dieu le sait parfaitement. »
On peut interpréter ce hadith ainsi : la pratique de la zakat permet l'augmentation de la richesse de celui qui y souscrit. Le verset définit la richesse négativement. Il faut être solidaire avec ceux qui n'ont rien et ne réclament rien. [178]
L'homme s'assure de sa richesse quand il se montre solidaire de ceux qui sont dans le besoin.

Essayons néanmoins de calculer ce qu'était la pauvreté et la richesse au temps du Prophète.
Le dirham ou monnaie d'argent est la plus répandue. La lettre d'Abû Bakr ne traite que de la monnaie d'argent.
Pour ce faire, citons d'autres hadiths qui nous indiquent la valeur de l'argent. Dans les transactions, les monnaies n'étaient pas prises pour leur valeur nominale mais pour leur poids. La pesée des pièces était un usage marchand.
Converti en grammes, l'équivalent en argent métal de 200 dirhams est de 611,5 grammes ; le montant de la zakat à prélever est de 1/40ème.

---

[178] Sahih Al – Boukhari, Tome 2, Al maktaba al assrya, Beyrouth, 1430 h - 2009 p 326

Un autre hadith, attribué directement au Prophète, stipule : « on ne doit pas prélever l'aumône sur une somme inférieure à 5 ouquiyas (onces, 1 once = 40 dirhams, soit 200 dirhams »

Il s'agit de valeurs canoniques qui ne représentent pas sans doute la valeur nominale de l'argent. En terre d'Islam comme ailleurs, les autorités publiques ont besoin de réajuster en permanence la teneur en or ou en argent de la monnaie pour cause de déficits publics. Les stipulations des hadiths relèvent de la doctrine et ne tiennent pas compte de la valeur nominale.
La zakat frappe la monnaie à vue et la monnaie à terme.
Hadith : 200 dirhams placés à un an doivent 5 dirhams à la zakat.
Nous avons un point de départ : la zakat à prélever sur les titulaires d'un capital monétaire.
La lettre précise que les propriétaires d'un capital de 200 dirhams doivent payer la zakat.
D'après la lettre, celle-ci s'élève au quart du dixième de 200 dirhams. Le calcul est vite fait :
La zakat s'élève à 5 dirhams.
La lettre précise que, au-dessous de 200 dirhams, la zakat n'est pas due. Avec ce chiffre, nous avons une approche du seuil de pauvreté. La lettre d'Abou Bakr emploie le terme de nisab, traduit ici par seuil de pauvreté ; le nisab est le montant qui déclenche le prélèvement de la zakat.
Un autre hadith est plus explicite ; il est attribué au Prophète, cette fois-ci.
« Le Prophète avait dit : « il n'y a point de charité pour ce qui est moins de 5 oukias (595 grammes d'argent), ni pour ce qui est moins de cinq chameaux… » [179]
Un autre hadith répète :
« Car le Prophète a dit : Point d'aumône légale si le bien en question est inférieur à 5 oukias. » [180]
Dans ce hadith, l'oukia est égale à 40 dirhams.
Il est possible de plaider la cohérence et se donner une hypothèse selon laquelle 5 oukias valent 5 chameaux.

---

[179] Résumé de Sahih Al-Boukhâri, op cit p 373
[180] Sahih Bûkhari, tome 2, Beyrouth, p 276

Un autre hadith nous informe que 5 oukias valent 200 dirhams d'argent.
Le hadith est rapporté par Ali qui donne les informations suivantes : « Le Prophète a dit : Si tu as 200 dirhams et que tu les as gardés pendant un an, le prélèvement est de 5 dirhams. » (Monnaie d'argent)
Placement de 200 dirhams d'argent à un an, soit cinq dirhams ou 2,50% du capital.

En résumé, nous avons les chiffres nécessaires à une compréhension de l'économie de cette époque :

200 DHS d'argent pèsent 595 grammes d'argent
Donc un dirham d'argent pèse 2,975 grammes (595 grammes divisés par 200 dirhams)

Le cours du change de l'argent à la bourse de Londres au 29 juin 2016 :
1 gramme d'argent vaut 0,57 dollars
Donc 200 DHS d'argent pesant 595 grammes à 0,57 dollar le gramme valent 339,15 dollars.

Soit, sur une année (360 jours), 0,942 par jour arrondis à un dollar par jour.

Au-dessous d'un dollar par jour, montant du nisab, un homme est considéré comme pauvre.

Le prélèvement de la zakat sur 200 DH est de 5 dirhams. On peut en conclure que le dirham avait un fort pouvoir d'achat. Et que l'économie était faiblement monétarisée. Cette démonstration n'est pas scientifique. Elle a valeur indicative. De nos jours, au 21ème siècle, la pauvreté absolue s'établit à deux dollars par jour.

Nous allons effectuer la même démonstration pour le dinar, monnaie d'or.
20 dinars or subissent une ponction au titre de la zakat d'un demi dinar, soit 2,50%. Le même pourcentage de prélèvement

pour l'argent et pour l'or. Mais les montants prélevés sont différents.
L'équivalent de 20 dinars en or est de 87 grammes et la zakat à prélever est de 1/40ème. [181]
20 dinars à vue ne sont pas assujettis à la zakat. Par contre, placés à un an, ces 20 dinars doivent un demi dinar. [182]
« Tu n'as rien à prélever si tu n'as pas gardé 20 dinars pendant un an (monnaie d'or). Mais si tu as gardé 20 dinars pendant un an, le prélèvement est d'un demi dinar. Si le montant dépasse 20 dinars, on fait le calcul selon ce pourcentage. »
« Il n'y a point d'aumône sur les biens s'ils n'ont pas été gardés pendant un an. »
Ce hadith est qualifié de faible, ainsi que le suivant : Tirmidi rapporte d'Ibn Omar : « celui qui utilise les biens n'a pas à prélever l'aumône sauf s'il les garde pendant un an. » [183]
Nous avons quelques précisions sur la valeur de la monnaie d'or :
Le hadith rapporté d'Ali nous enseigne que le nisab d'or est de 87 grammes et que le montant de la zakat à prélever est de 1/40ème. Le nisab est le seuil au-dessous duquel la zakat n'est pas payée.

Nous avons essayé de convertir ce montant en dollars. Nous avons retenu le prix de l'or sur le marché de Londres, le 17 juillet 2014. Soit :
1 gramme d'or vaut 41,92 dollars.

Un dinar ou pièce d'or pèse 4,35 grammes (87 grammes divisés par 20 dinars)

20 pièces d'or font : 20 multipliés par 4,35 grammes multipliés de nouveau par 41,92 dollars font 3647,04 dollars. Tel est le montant du nisab en dollars.
Soit 10,13 dollars par jour (sur une année de 360 jours).

---

181 p 216
182 p 216
183 Al Asqualani : Boulough Al - Maram (La réalisation du but), Edition Daroussalam, Ryad, 1999. (1) p 210 – 214

On ne peut pas parler de pauvreté avec ce montant. On peut tenter une explication : l'or sert à la bijouterie et à la frappe monétaire ou encore à la thésaurisation. L'or thésaurisé n'a pas de valeur tant qu'il n'est pas mis en circulation. Dix dollars par jour offrent un faible chiffre d'affaires à une bijouterie ou à la frappe monétaire.

Nous allons reprendre deux chiffres :
200 dirhams, monnaie d'argent, placés à un an, supportent un prélèvement de 2,50%.
20 dinars, monnaie d'or, placés à un an, supportent également un prélèvement de 2,50%. Dans le fait on ne sait pas si les montants sont placés avec intérêt ou simplement thésaurisés. Nous n'en savons rien. Sans doute, dans le droit fil de leurs préoccupations, les pieux transmetteurs voulaient pénaliser aussi bien l'usure que la thésaurisation.
Je vais poursuivre mon raisonnement en me référant à Thomas Piketty. [184]
Lui-même se réfère aux travaux de Angus Madison (1926-2010) [185]
D'après ces travaux, le taux de croissance du PIB en terre d'Islam s'établissait à 0,1% - 0,2% par an.
Ce taux indique la croissance annuelle de la richesse du pays considéré. Elle est à comparer avec la ponction prélevée par la Zakat de 2,50% l'an. On voit d'emblée que le taux d'intérêt ainsi mis à contribution s'empare d'une grande partie de la richesse produite annuellement. L'usure conduit à l'appauvrissement du pays et c'est probablement la raison pour laquelle les religions ont tenté, sans succès, de l'interdire.
On comprend mieux le taux de prélèvement de la zakat de 2,50%, soit la moitié du taux de rendement. Le taux du

---

184 Thomas Piketty : le capital au XXIème siècle, Editions du Seuil, Paris

185 Economiste britannique, spécialiste dans la reconstitution des comptes nationaux au niveau mondial depuis l'Antiquité jusqu'au 17ème siècle. Je pense que le 3ème siècle hégirien se trouve dans cette mouvance. Le PIB de l'empire musulman devait être plus élevé que le PIB européen. Et la progression démographique certainement plus élevée en Europe qu'en terre d'Islam ; mais, à mon sens, ces différences ne faussent le résultat qu'à la marge.

prélèvement de la zakat est lui-même usuraire ; mais il restitue à la communauté une partie de la richesse qui lui a été confisquée.

En conclusion, l'équité est venue conforter les hadiths organisant la production et les transactions. Le marché apporte la satisfaction des besoins solvables. La ponction opérée par la zakat tend à élargir les compétences du marché à ceux qui ont des besoins et ne peuvent les satisfaire. La zakat leur offre un capital de départ qu'ils peuvent faire fructifier, produire et vendre. La zakat a été conçue pour dynamiser le marché, car, « celui qui souscrit à la zakat, voit ses bénéfices croître. »
Pour la première fois, un seuil de pauvreté est reconnu ; il déclenche la procédure de la zakat qui permet au pauvre de recevoir un capital ; celui-ci, s'il est fructifié, lui permet d'obtenir un revenu. Nous sommes sur le plan de la doctrine. La zakat n'a résolu aucun problème de la pauvreté, car elle a été intégrée dans les finances de l'Etat musulman. Mais cette intégration a été l'objet de nombreux conflits religieux.
Les pieux transmetteurs ont fixé le poids en argent du dirham ; celui-ci est devenu le dirham canonique. Ce poids n'a jamais été respecté. Les Etats ont rogné sur le poids pour faire face à leurs difficultés financières. Mais le dirham canonique est demeuré une exigence permanente de la société musulmane. A la fin du 19ème siècle, les Marocains s'insurgeaient parce que les dirhams d'argent frappés n'étaient pas conformes au poids du dirham canonique. Il a fallu la suppression de la monnaie d'or et d'argent pour que les protestations cessent.
La zakat nous présente un bon exemple de l'action concrète de l'équité appliquée à la production et la distribution des richesses. Le marché, qui offre de très grands avantages, ne peut se réguler tout seul.
Les pieux transmetteurs ont voulu une société qui se régule toute seule parce que c'est à elle qu'il revient d'assurer l'ordre. La méfiance envers l'Etat était la règle.
Il est clair qu'au 3ème siècle hégirien, l'Islam, par ses conquêtes, avait poussé à la création d'une civilisation multiethnique et multiculturelle, par la mise en question radicale de la société des castes qui sévissait à Byzance, en Perse et en Inde. Il a fallu

user d'une grande violence, faite à leurs anciens maîtres, pour libérer ces populations dans la misère et les rendre éligibles à l'ordre espéré par les pieux transmetteurs.
L'Etat a repris ses droits sur le marché d'une curieuse façon, par l'entremise d'un rêve. Le calife al Mamoun, (813-833), fils de Haroun Ar-Rachid, rêva d'Aristote qui lui enseigna l'art de régner. La philosophie grecque devint religion d'Etat.[186] Elle s'empara du pouvoir et le garda jusqu'au 12ème siècle lorsque Ghazali s'attaqua à son pouvoir et reformula les enseignements des hadiths. Averroès contre-attaqua en défendant la philosophie. Le débat est toujours ouvert.
Les peuples du pourtour méditerranéen sont coutumiers des rêves annonciateurs de grands bouleversements. Le rêve d'Al Mamoun a succédé au rêve que fit un empereur romain, Constantin, la veille d'une bataille qu'il gagna le lendemain, en l'an 312. On lui avait promis, en rêve, la victoire s'il se convertissait à la religion chrétienne. Il gagna la bataille, il se convertit. Il lui fallut éliminer le paganisme et la philosophie qui le sous-tendait.
En 392, l'un de ses successeurs prononce l'interdiction du paganisme. [187]
Enfin, nous l'avons vu dans le premier chapitre, en 529, l'empereur Justinien ferme la dernière école philosophique d'Athènes.
Par une de ces ruses dont l'Histoire a le secret, Al Mamoun recueille l'héritage grec et le fait fructifier à Bagdad. Les successeurs d'al Mamoun ne sont pas revenus sur les acquis des hadiths, mais, progressivement, ils les figèrent, en empêchant leur développement par de nouvelles lectures.

---

[186] Voir chapitre 11 sur Al Farabi
[187] Veyne : Quand notre monde est devenu chrétien, Editions Albin Michel, Paris, 2007, p 9 et p 167

Conclusion

Faire dialoguer les grands textes entre eux offre parfois des continuités saisissantes. Dans « Ethique à Nicomaque », Aristote s'interroge sur le bonheur. Le bonheur qu'est-ce que c'est ? se demande-t-il dès les premières pages. Il y apporte sa réponse au fil de ses raisonnements ; il ne cache pas sa perplexité.

Aristote ne peut se dissocier de l'environnement qui est le sien et dans lequel il évolue. Il évolue dans le cadre de la démocratie athénienne. Les Athéniens ont des droits politiques ; ils ont le droit de voter, d'élire des magistrats ; ils peuvent se faire élire archonte. Voilà ce qu'on appelait la liberté.

Par contre, les artisans, les marchands, considérés comme des esclaves, étaient privés de ces droits.

Ces moins-que-rien vont être montés au pinacle par les pieux transmetteurs. Ils sont les héros de la nouvelle société. A la question d'Aristote : qu'est-ce que le bonheur ? Les pieux transmetteurs des hadiths répondent : voici le recueil des règles explicites d'une société en matière d'opérations sur les richesses.

Contre les Athéniens, les pieux transmetteurs choisissent la liberté de la vie privée, inconnue des Athéniens ; elle réserve à chacun une large sphère où il peut mener comme il l'entend sa vie et ses affaires privées à l'abri de toute ingérence étatique.

Les pieux transmetteurs créent une société dont la vocation est de rendre heureux les siens. Mais personne n'est à l'abri des coups du sort. Le bonheur, c'est aussi de bénéficier d'une seconde chance, d'un transfert de revenus pour se remettre en selle. Les pieux transmetteurs instituent la zakat, expression de la solidarité de ceux qui ont eu la chance envers ceux qui ne l'ont pas eue. Solidarité pécuniaire des riches avec ceux qui ne le sont pas. Les pieux transmetteurs admettent que leur société sécrète de la pauvreté, de l'inégalité. C'est pourquoi ils ont imaginé et calculé un seuil de pauvreté qui déclenche la solidarité entre les membres.

C'est une vision qui, d'un côté, avec l'élan et l'enthousiasme qu'elle comporte, facilite le renversement des vieux rapports sociaux et des vieilles institutions politiques tels qu'ils existaient en Perse et dans l'empire byzantin ; et d'un autre côté, elle rend plus complexe et problématique la construction d'un nouvel ordre social. Jusqu'à quel point celui-ci sera-t-il à la hauteur des promesses, des ambitions et des attentes qui ont présidé à sa naissance ? Nous l'avons vu, la réalité est sortie du cadre de la doctrine.

La doctrine a signifié l'apogée d'une société faite de petits producteurs, des artisans libres et des agriculteurs aussi libres. Ce que nous appelons aujourd'hui une société précapitaliste. Qualificatif qui n'existait pas au temps des hadiths. Ceux-ci deviennent un horizon lointain mais qui oriente et stimule le processus réel de transformation.

La société a tendu vers la concentration des terres et des capitaux sans pour autant en tirer un avantage quelconque.

Bibliographie Hadiths

Le Sahih d'al-Bukhari
Editions Al – Maktaba Al – Asryah
Saida – Beyrouth, 2009 / 1430.
8 volumes.

Extraits du Sahih al – Boukhâri
Editions Darussalam,
Ryadh, 1999 G / 1420 H.
Ce livre contient un récit de la vie de l'auteur.

Al – Hafidh ibn Hajjar Al-Asqualani
Boulough Al – Maram
(La réalisation du but)
Editions Daroussalam,
Ryadh, 1999 G / 1420 H.

Imam Malik Ben Anas
Al – Muwatta'
(La doctrine établie).
Dar Al – Kotob Al – Ilmiya
Beyrouth – Liban, 2009.
2 volumes.

Al – Tirmidhi
La morale du Prophète de l'Islam
Editions Universel, Paris, 2001.

Bibliographie générale.

Al –Farabi
Le livre du régime politique.
Editions Les Belles Lettres, Paris, 2012

Alili, Rochdy
L'éclosion de l'Islam
Editions Dervy, Paris, 2004.

Aristote
Les politiques
Flammarion, Paris, 2008.

Brown, Peter
Le monde de l'Antiquité tardive.
De Marc Aurèle à Mahomet.
Editions de l'université de Bruxelles, Bruxelles, 2011.

Comte, Auguste
L'Islamisme au point de vue social
Albert Messein, éditeur, Paris, 1911.

Dostoïevski, Fiodor
Crime et châtiment, Tome 1
Gallimard, Paris, 1948.

Engels, Friedrich
L'origine de la famille, de la propriété privée et de l'Etat.
Editions sociales, Paris, 1954.

Goldziher, Ignace
Etudes sur la tradition islamique.
Librairie d'Amérique et d'Orient, Paris, 1984.

Goody, Jack
La peur des représentations
Editions La Découverte, Paris, 2006.

Jâhiz
Le cadi et la mouche
Edition Sindbad, Paris, 1988.

Jones, A.H.M.
Le déclin du monde antique
284 – 610.
Editions Sirey, Paris, 1970.

Laroui, Abdallah
Islam et Histoire.
Albin Michel, Paris, 1999.

Mansouri, Saber
Athènes vue par ses métèques
(Vème- IV siècle avant JC)
Editions Taillandier, Paris, 2011.

Mansouri, Saber
La démocratie athénienne, une affaire d'oisifs ?
Editeur André Versaille, 2010.

Maraval, Pierre
Le christianisme, de Constantin à la conquête arabe.
Presses Universitaires de France, Paris, 1997.
Massignon, Louis
Opera minora.
Dar Al Maaref, Liban, 1963.

Merad, Ali
La tradition musulmane
Presses Universitaires de France, Paris, 2001.

von Mises, Ludwig
L'action humaine.
Presses Universitaires de France, Paris, 1985.

Mondzain, Marie-José
Image, icône, économie.
Editions du Seuil, Paris, 1996.

North, Douglass
Wallis, John Joseph
Weingast, Barry R.
Violence et ordres sociaux
Gallimard, Paris, 2010.

Piketty, Thomas
Le capital au XXIème siècle.
Editions du Seuil, Paris, 2013.

Smith, Adam
La richesse des nations.
Flammarion, Paris, 2009.

Veyne, Paul
Quand notre monde est devenu chrétien (312 - 394)
Edition Albin Michel, Paris, 2007

TABLE DES MATIERES

Chapitre 3

Chapitre 4

Chapitre 5

PUBLICATIONS OMAR AKALAY

2012 :

– Amitiés, Marshan – Casablanca 2012.

2010 :

– Le Coran et les droits de l'homme, L'Harmattan – Paris 2010.

2009 :

– « De la sharia au droit : le régime des taux d'intérêt pratiqués au Maroc » in Le débat juridique au Maghreb. Etudes en l'honneur de Ahmed Mahiou. Edition PUBLISUD- IREMAM, 2009.

2007 :

– Du Protectorat Français au Maroc (30 mars 1912-16 novembre 1955), Marshan – Casablanca 2007.

2004 :

– Assise 1999, Essai sur le dialogue interreligieux, Edition Al Assas-Rabat, 2004.

2003 :

– Au service du cinéma marocain, Edition Al Assas-Rabat, 2003.

2001 :

– « L'économie algérienne de l'ère des réformes (1989-1991) à celle de l'ajustement structurel (1994-1998) » in Où va l'Algérie ? Karthala-IREMAM- Paris, 2001.

2000 :

– « Sortir de la pauvreté : bricolage, apprentissage, gaspillage » in Empreintes, Mélanges offerts à Jacques Levrat, Al Assas/La Source – Rabat, 2000.

- « Espace méditerranéen et acteurs économiques : la solitude du privé ou les débris du futur » in Politiques méditerranéennes entre logiques étatiques et espace civil, Karthala-IREMAM- Paris, 2000.

1999 :

- « Economie du Maghreb : les consensus négatifs » in Economie du Maghreb : l'Impératif de Barcelone, CNRS EDITIONS – Paris, 1999.

1998 :

- Ouvrage : Histoire de la pensée économique en Islam du 8ème au 12ème siècle, L'Harmattan – Paris, 1998.

1991 :

- Ouvrage : Le Grand vide de Joseph Schumpeter, WALLADA Casablanca, 1991.

1989 :

- Un regard sur l'économie Marocaine, Société marocaine d'Edition Wallada Casablanca, 1989.

L'HARMATTAN ITALIA
Via Degli Artisti 15; 10124 Torino
harmattan.italia@gmail.com

L'HARMATTAN HONGRIE
Könyvesbolt ; Kossuth L. u. 14-16
1053 Budapest

L'HARMATTAN KINSHASA
185, avenue Nyangwe
Commune de Lingwala
Kinshasa, R.D. Congo
(00243) 998697603 ou (00243) 999229662

L'HARMATTAN CONGO
67, av. E. P. Lumumba
Bât. – Congo Pharmacie (Bib. Nat.)
BP2874 Brazzaville
harmattan.congo@yahoo.fr

L'HARMATTAN GUINÉE
Almamya Rue KA 028, en face
du restaurant Le Cèdre
OKB agency BP 3470 Conakry
(00224) 657 20 85 08 / 664 28 91 96
harmattanguinee@yahoo.fr

L'HARMATTAN MALI
Rue 73, Porte 536, Niamakoro,
Cité Unicef, Bamako
Tél. 00 (223) 20205724 / +(223) 76378082
poudiougopaul@yahoo.fr
pp.harmattan@gmail.com

L'HARMATTAN CAMEROUN
TSINGA/FECAFOOT
BP 11486 Yaoundé
699198028/675441949
harmattancam@yahoo.com

L'HARMATTAN CÔTE D'IVOIRE
Résidence Karl / cité des arts
Abidjan-Cocody 03 BP 1588 Abidjan 03
(00225) 05 77 87 31
etien_nda@yahoo.fr

L'HARMATTAN BURKINA
Penou Achille Some
Ouagadougou
(+226) 70 26 88 27

L'HARMATTAN SÉNÉGAL
10 VDN en face Mermoz, après le pont de Fann
BP 45034 Dakar Fann
33 825 98 58 / 33 860 9858
senharmattan@gmail.com / senlibraire@gmail.com
www.harmattansenegal.com

www.ingramcontent.com/pod-product-compliance
Lightning Source LLC
LaVergne TN
LVHW021225061026
849535LV00008B/2917